글쓰기 잘하는 아이는
이렇게 시작합니다

한 그루의 나무가 모여 푸른 숲을 이루듯이
청림의 책들은 삶을 풍요롭게 합니다.

글쓰기 잘하는 아이는 이렇게 시작합니다

남낙현 지음

청림Life

프롤로그

왜 우리 아이만 글재주가 없을까?

"아이고 답답해라!"

글쓰기 숙제를 하고 있는 집 안의 풍경이 그려집니다. 아이는 책상에 앉아 고개를 푹 숙이고 있습니다. 그 뒤로 엄마가 아이를 바라보고 있을 겁니다. 아이는 연신 몸을 꼬면서도 5분이 넘도록 종이만 노려보고 있습니다. 연필은 흔들림 없는 큰 바위처럼 꼼짝하지 않습니다. 두 사람의 마음에 하나같이 고구마가 한가득 들어 있는 기분입니다.

엄마가 속상한 마음에 말을 꺼냅니다.

"왜 우리 아이는 매번 글쓰기를 어려워할까요?"

"혹시 우리 아이만 글재주가 없는 건 아닐까요?"

아이도 답답하기는 마찬가지입니다.

"뭘 써야 할지 모르겠어요."

부모와 아이 모두 글쓰기라는 공통의 스트레스를 받고 있습니다. 그런데 글쓰기 수업을 하면 진심으로 글쓰기를 좋아하는 아이들을 만날 때가 있습니다. 이 아이들에겐 공통점이 하나 있죠. 바로 글로 적고 싶은 것이 많다는 것입니다. 반대로 글쓰기를 힘들어하고 싫어하는 아이들은 반대의 공통점이 나타납니다. 아무리 생각해도 쓸거리가 잘 떠오르지 않는다는 겁니다.

글 못 쓰는 아이는 없다

글쓰기를 좋아하고 싫어하는 문제를 떠나 아이들에게 글쓰기 요령만 알려주면 오히려 글쓰기를 더 힘들게 만들 수 있습니다.

언젠가 글쓰기 수업 시간에 "뭘 써요?"라고 묻는 아이들에게 "무엇을 쓸 수 있을까?"라고 되물으며 잠시 생각해보기로 했습니다. 그날은 글쓰기를 멈추고, 글감 찾기 놀이만 하기로 했습니다. 사실 글쓰기도 글쓰기지만, 아이들은 글감 만드는 것을 더욱 어려워합니다. 잠시 고민하던 한 아이가 말했습니다.

"일요일 날 시골 밭에서 배추를 흔들었더니 뿌리가 '뚝' 하고 소리를 내며 끊어지는데 신기했어요. 이런 걸 써도 되나요?"

그 아이에게 글로 쓰면 재미나겠다고 대답해주니 아이들이 너도나도 쓰고 싶은 내용을 말하기 시작했습니다. 아이들의 글쓰기는 어떻게 됐을까요? 평소 시간이 부족해 글쓰기를 힘겨워하던 아이들도 모두 한 편의 글을 뚝딱 써냈습니다.

초등 글쓰기, 글감을 아는 게 먼저다

이 책은 '어떻게 쓸까?'보다 '무엇을 쓸까?'에 관한 주제, 즉 글감 만드는 기술에 관한 내용을 담고 있습니다. 글을 쓰기 위해 준비하는 단계인 '뭘 쓸까?' 연습을 통해 글감을 쉽게 떠올릴 수 있도록 돕는 것이 목적입니다. 무엇보다 글감을 만드는 핵심은 모호한 생각을 구체적으로 만드는 것입니다.

아이들이 글감 만들기를 쉽고 자연스럽게 습득할 수 있도록 다섯 가지 방법으로 구분해 다루고 있습니다. ① 일상 채집, ② 깊게 탐구하기, ③ 패턴 글쓰기, ④ 낯설게 보기, ⑤ 주제 글쓰기입니다. 아울러 책을 읽으며 떠오르는 글감이 있으면 글감 만들기 표의 빈 곳에 자신이 쓰고 싶은 글감을 적을 수 있게 준비했습니다. 각 장의 마지막을 연습 페이지로 꾸몄으니 이 책을 읽으면서 떠오르는 글감을 빈칸에 많이 채우기를 바랍니다.

 더불어 한 가지 생각을 놓치지 않았으면 합니다. 아이들은 글감을 떠올리지 못할 뿐입니다. 세상에 글 못 쓰는 아이는 없습니다.

초등 글감 수업을 시작하기 전에

하나. 형식부터 시작하면 글쓰기가 어려워집니다

아이에게 "어떻게 써야 좋은 글이 될까?" 하고 질문하는 순간, 글쓰기가 어려워집니다. 신나는 놀이를 시작하듯 "무엇부터 써볼까!" 하고 말하며 아이 스스로 글의 소재를 찾아 나설 수 있도록 도와주세요. 쉽고 즐거운 초등 글쓰기의 비밀은 바로 '글감 만들기'에 있습니다.

둘. 글감은 고민하는 게 아니라 발견하는 것입니다

초등 글쓰기도 큰 틀에서 보면 창작 활동입니다. 글재주가 없다고 아이의 공부 머리를 탓하지 마세요. 글감은 고민하는 게 아니라 발견하는 것입니다. 쓰고 싶은 게 떠오르면 아이들은 누구나 글을 쓸 수 있습니다. 글감을 발견하는 순간, 모든 고민은 사라집니다. 글쓰기 요령을 배우기에 앞서 자신이 쓰고 싶은 것을 발견할 수 있도록 글감 만들기 기술을 연습해봅시다.

하루 5분, 1일 1글감 수업

글감이란 무엇일까요? 새로 산 그림책, 등굣길에 만난 친구, 점심시간에 운동장에서 놀았던 기억, 나의 꿈, 좋아하는 동물… 무엇이든 글감이 될 수 있습니다. 그런데 아이 스스로 글감을 발견하는 것이 왜 어려울까요? 너무 거창하게 생각하지 마세요. 그림을 그려도 좋고 간단한 메모나 낙서도 괜찮으니 무엇이든 아이가 적어보게 하세요. '글감 만들기 3단 공식'을 활용하면 글감 만드는 연습이 더 쉽고 재밌어질 겁니다.

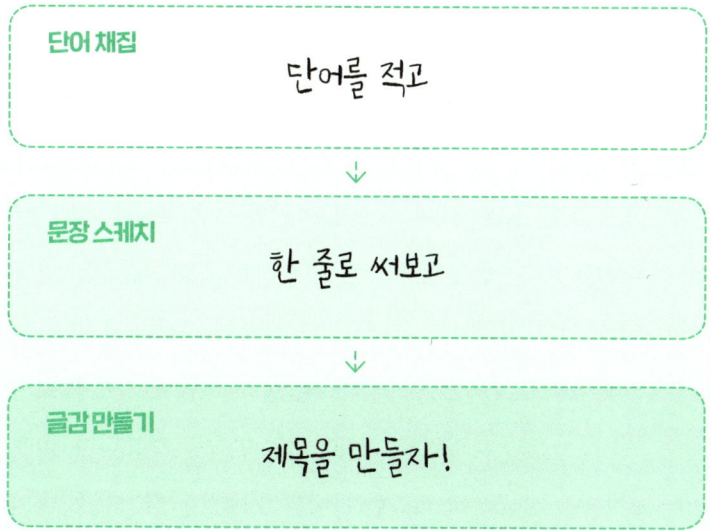

초등 글감 수업 시간표

1교시. 일상 채집

2교시. 깊게 탐구하기

3교시. 패턴 글쓰기

4교시. 낯설게 보기

5교시. 주제 글쓰기

매일 한 편의 글을 뚝딱 쓸 수 있다면 얼마나 좋을까요? 글쓰기가 어렵게 느껴진다면 더더욱 신나는 놀이처럼 가볍게 시작해보세요. '나'를 중심에 두고 글감 사냥을 떠나보는 겁니다. 1교시에는 집이나 학교처럼 물리적으로 가까운 공간에서 단어를 채집하는 연습을 해보고, 소풍이나 생일 등 특정한 사건과 시간의 흐름을 따라가봅니다. 2교시에는 1교시에 채집한 단어를 탐구하며 새로운 글감으로 연결해볼 거예요. 3교시에는《하루 10분의 기적 초등 패턴 글쓰기》에서 소개한 관찰·오감·질문·감정 글쓰기 패턴을 '글감 만들기 3단 공식'에 적용해봅니다. 글감 만들기가 더욱 쉽고 재밌어질 거예요. 4교시에는 사물에게 말을 걸거나 의인화하고, 거꾸로 보는 연습을 통해 초등 시기에 놓쳐서는 안 될 상상력과 창의력을 끄집어내는 연습을 해봅니다. 마지막 5교시에는 지금까지 채집한 단어와 스케치한 글감을 하나의 주제로 연결해 여러 편의 글을 완성합니다. 모든 수업을 마치고 나면 혼자서도 씩씩하게 글감을 찾아 나서는 아이, 긴 글도 두렵지 않은 아이로 거듭날 수 있을 거예요.

차례

프롤로그 왜 우리 아이만 글재주가 없을까? 004
글 못 쓰는 아이는 없다 | 초등 글쓰기, 글감을 아는 게 먼저다

초등 글감 수업을 시작하기 전에 008
하루 5분, 1일 1글감 수업 | 초등 글감 수업 시간표

1장 초등 글쓰기, 처음부터 이렇게 시작했다면

01 아이의 고민 "뭘 써요?" 018
글쓰기 힘들어하는 아이 | 가르치기 답답한 부모 | 글감을 알면 글쓰기는 저절로 따라온다

02 글의 주인은 쓰는 아이다 025
글의 씨앗을 찾는 방법

03 글쓰기 수업을 바꾼 글감의 재발견 029
글감이 있어야 쓸 수 있다 | 글감은 발견에 가깝다

04 글감으로 시작하는 초등 글쓰기 038
왜 글감을 떠올리지 못할까 | 글쓰기의 9할은 글감 만들기에 달렸다

05 이런 글쓰기 수업은 처음이야! 046
평가하지 않는 글쓰기 | 스스로 매일매일 쓰고 싶은 글감 책

06 쉽고 재밌는 글감 공식 053
나는야 글감 사냥꾼 | 완벽한 글감 사냥꾼이 되려면

2장 [초등 글감 수업 1교시]
아이 마음에 글감이 떠오르는 순간

01 **글쓰기 방해꾼을 잡는 단어 채집**   064
   꼬리에 꼬리를 무는 단어 채집

02 **오늘부터 시작하는 일상 채집**   071
   놀면서 써보는 월화수목글요일!

03 **일상 채집에서 글감 만들기까지**   076
   일상 속 글감과 줄다리기

04 **이토록 재밌는 글쓰기 공부라면**   083
   교실에서 글감을 찾아라 | 도서관은 글감의 보물 창고

05 **글감의 바다에서 헤엄치기**   089
   책을 읽은 시간만큼 생각하라 | 전체 줄거리로 글감 만들기

[글감 만들기 연습①] **말꼬리 잇기 놀이**   095

[초등 글감 수업 2교시]
꼬리에 꼬리를 무는 글감 탐구 생활

01 **진짜 글쓰기 여행이 시작되다**   102

02 **두 번째 글감을 찾아서**   111
   글감이 글감을 부른다 | 글감을 탐구하는 기술

03 **나만의 생각을 확장하는 방법**   117
   글감 하나가 불러온 나비효과

04 **글감을 탐구하는 아이는 어떻게 다를까?**   124
   스스로 글감을 찾는 아이 | 상상력과 표현력이 남다른 아이

| 05 | 확장하는 글쓰기로 이끄는 글감 탐구 생활 | 129 |

글감을 탐구하는 세 가지 방법

[글감 만들기 연습②] 글감 탐구하기 136

4장 [초등 글감 수업 3교시]
하루 10분의 기적 패턴 글감 만들기

| 01 | 첫 문장을 쓰게 하는 힘 | 142 |

패턴을 알면 글감 발견도 쉬워진다 | 초등 글쓰기의 마중물

| 02 | 관찰 패턴 글감 만들기 | 149 |

글감이 떠오르지 않아도 글을 쓸 수 있다 | 그림을 그리듯이 쓴다

| 03 | 오감 패턴 글감 만들기 | 158 |

오감을 열면 글감이 쏟아진다

| 04 | 질문 패턴 글감 만들기 | 165 |

구체적일수록 질문은 쉬워진다

| 05 | 감정 패턴 글감 만들기 | 172 |

감정과 나누는 은밀하고 위대한 수다

[글감 만들기 연습③] 네 가지 패턴 글감 만들기 177

5장 [초등 글감 수업 4교시]
낯설어서 더 재밌는 창의 글쓰기

| 01 | 산은 무슨 말을 하고 싶을까? | 184 |

산이 하고 싶은 말 | 낯설게 볼 때 다르게 보인다 | 또 누구에게 말을 걸어볼까?

| 02 | 햄버거 가게에 가는 물고기 | 193 |

물고기와 친구가 될 수 있을까? | 빗방울에게 어떤 이름을 불러줄까?

| 03 | 핑크 대왕의 안경 | 202 |

글쓰기도 시작이 반이다 | 보는 눈이 달라지는 마법의 안경

| 04 | 익숙한 것에 감탄사를 던져보자 | 210 |
| 05 | 창의력을 키우는 초등 글감 수업 | 218 |

글쓰기 천 리 길도 한 걸음부터 | 창의력은 곧 낯설게 보는 힘

[글감 만들기 연습④] 낯설게 보기 … 226

[초등 글감 수업 5교시]
6장 긴 글도 두렵지 않은 주제 글쓰기

| 01 | 글 속에 글감이 숨어 있다! | 232 |

내가 쓴 글이 최고의 글쓰기 선생님이다 | 연결 글쓰기가 필요한 이유

| 02 | 주제 패턴 글감 만들기 | 239 |

글쓰기 실력을 단번에 끌어올리는 방법

| 03 | 훌륭한 글감 사냥꾼 | 247 |

[글감 만들기 연습⑤] 주제 패턴 글감 만들기 … 251

에필로그 오늘은 어떤 글감이 나에게 다가올까? … 254

초등 글쓰기,
처음부터 이렇게 시작했다면

아이의 고민
"뭘 써요?"

"뭘 써요?"

아이들과 글쓰기 수업을 하면 제일 많이 듣는 말입니다.

"각자 쓰고 싶은 것을 자유롭게 써보세요."

과연 아이들은 어떤 반응을 보일까요? 누가 먼저랄 것도 없이 교실은 곧 조용해집니다. 아이들뿐만이 아닙니다. 부모님과 자녀가 함께하는 글쓰기 수업 때도 개미 발걸음 소리가 들릴 정도로 아무 말이 없습니다.

"두세 문장을 적어도 좋으니 떠오르는 생각을 적어보세요."

어색한 분위기를 깨기 위해 한마디를 건네도 여전히 정적이 흐릅니다. 서로 얼굴을 쳐다보며 눈치를 볼 뿐입니다. 마치 목적지가 없어 여행을 떠나지 못하는 것처럼 말이죠.

교실의 아이들 모습을 보니 3년 전 온 가족이 여름 휴가를 떠나려 하던 때가 생각납니다. 여행의 기분은 떠나기 전 설렘이 대부분을 차지하는 것처럼 아내도 아이들도 마음이 들떠 있었죠. '그런데 어디로 가지?' 정작 목적지를 정하려는데 선뜻 나서서 말하는 사람이 없었습니다.

"아빠가 정해요."

여행으로 들뜬 마음과는 달리 '일정은 어떻게 짜고, 숙소는 어디로 정하지?'와 같은 현실적인 문제에서 막힌 가족은 모든 책임을 제게 떠넘겼습니다. 그런데 막상 온 가족이 저에게 모든 선택권을 주고 마음대로 하라고 하니 오히려 막막했습니다. 며칠 남지 않은 기간에 목적지와 숙소 예약까지 마쳐야 했기 때문입니다. 잠깐 고민을 마치고 여름 휴가 콘셉트를 가족들에게 말했습니다.

"목적지 없이 멀리 쭉!"

숙소를 정하기도 어려우니 일단 발길 닿는 대로 여행을 떠나면서 결정하기로 했습니다. 그리고 유명한 여행지에서는 잠을 잘 곳을 찾기 어려울 테니 인근 도시에서 해결하기로 했습니다. 일단 차에 짐을 싣고 집을 나섰습니다. 첫 번째 갈림길에서부터 의견이 엇갈렸지만, 신호등의 파란불이 들어오는 방향으로 달리면서 여행은 시작됐습니다. 목적지 없이 떠난 여행이었지만 바다도 만났고, 지리산 능선에 걸린 강렬한 노을도 볼 수 있었습니다.

글쓰기 힘들어하는 아이

눈치만 살피며 글쓰기를 시작하지 못하는 아이들의 모습을 보니 목적지가 없어 여행을 떠나지 못하던 우리 가족의 모습과 다를 바 없었습니다. 목적지를 정하면 어떻게든 여행을 떠날 수 있지만 목적지를 정하지 못하면 여행을 떠나지 못합니다. 아이들의 글쓰기도 마찬가지입니다. 여행의 목적지는 글쓰기에서 '뭘 쓸까?'에 대한 답에 해당합니다. 바로 글감이라 부르는 것이죠.

아이들은 글감을 떠올리지 못하면 글쓰기를 할 수 없습니다. 그래도 스스로 글감을 떠올릴 수 있도록 모르는 척하고 기다려 줍니다. 10, 20, 30초가 흐릅니다. 이젠 모든 시선이 제 입에 집중됩니다. 그래도 조금 더 기다려봅니다. 어색하게 40, 50, 60초가 지나갑니다. "뭘 써요?"에 대한 답을 달라는 소리 없는 압박이 전해집니다. 침묵이 어색함으로 바뀌기 전 제가 먼저 항복하고 맙니다. 손을 뻗어 손가락으로 창문 너머 나무를 가리킵니다.

"쓸거리가 생각나지 않으면 저기 창문 너머로 보이는 나무를 보고 떠오르는 걸 써보세요."

한 아이는 제 말이 떨어지기 무섭게 쓸거리가 떠올랐는지 연필을 쥐고 들썩거리기 시작합니다. 저는 말을 이어갑니다.

"저 나무의 이름은 느티나무예요. 큰 느티나무에는 나뭇잎이 5만 개 정도 달려 있다고 해요. 나뭇잎이 흔들리는 걸 보니 바람이 말을 걸고 있나 보네요."

몇 마디를 더 해주면 아이들은 대부분 무언가를 적기 시작합니다. 글쓰기 수업 시간에 늘 반복되는 광경입니다. 아이들에게 스스로 글감을 정하고 글쓰기를 해보라고 하지만, 선뜻 나서서 쓰는 아이를 쉽게 만나지 못했습니다. 더구나 초등학교에 입학한 지 얼마 안 되는 1학년이라면 더 어려울 겁니다.

하지만 제가 경험한 바로는 글쓰기를 어려워하는 것은 학년과 관계없었습니다. 저학년뿐만 아니라 고학년도 마찬가지였죠. 흥미롭게도 자녀와 함께 온 부모도 아이들과 비슷했습니다. 이유는 간단합니다. 평소 글을 자주 써보지 않았기 때문입니다. 더 구체적으로 말하면 '무엇을 써야 하는지', 즉 글감 만드는 방법을 모르기 때문입니다. 쭈뼛거리며 "뭘 써요?"라고 묻는 아이들의 고민을 해결해줘야만 글쓰기를 시작할 수 있습니다.

가르치기 답답한 부모

"네 생각을 써!"

글을 자주 쓰다 보면 글쓰기 실력이 좋아진다는 말은 맞습니다. 그러나 현실에서는 굳은 결심을 하고 매일 써보려 해도 어떻게 시작해야 할지 막연하기만 합니다. 손가락 사이로 빠져나가는 모래를 움켜쥐려 해도 남는 것이 없는 것처럼 아무리 쓸거리를 찾아도 생각이 사라지는 느낌입니다. 아이의 입장에서 보면 답답함은 배가됩니다. "도대체 뭘 써야 해요?"라며 막연하게 부모님을 바라보기만 할 뿐이죠. 그런 아이에게 글감을 제시하기는커녕 "네 생각을 써봐!"라는 말을 하면 아이는 더 어렵게 느끼게 됩니다. 그럼 부모님의 입장에서 생각해볼까요?

"뭐든지 생각나는 걸 일단 써봐."

글쓰기를 시작하지 못하는 아이를 본 부모는 답답한 마음에 다그치기부터 합니다. 하지만 그렇게 아이를 몰아세우면 획일화된 글쓰기를 할 가능성이 큽니다. 글쓰기에 대해 한번 형성된 이미지는 더욱 굳어져 이후로는 책을 읽는 것보다 더 답답한 숙제가 돼버립니다. 부모나 자녀나 모두에게 말이죠. 선생님과 학생 사이에서도 글쓰기가 힘들긴 마찬가지입니다. 이러한 답답함을 해결하는 근본적인 방법을 찾아보고 싶었습니다. 게다가 대부분의 글쓰기 교육이 글감 만들기보다 글의 완성도를 기준으로 평가하는 접근법이라는 점에 문제를 제기하고 싶었습니다.

일기를 쓰는 것, 책을 읽고 독후감을 쓰는 것, 설명이나 주장하는 글을 쓰는 것 등 글쓰기는 그 형태가 무궁무진합니다. 글쓰기 요령만 가르친다고 하면 그 많은 형태의 글쓰기를 하나하나 가르쳐야 할 것입니다. 하지만 초등 글쓰기에서는 요령보다 글을 쓰는 즐거움을 아는 것이 더 중요합니다. 따라서 글을 쓰는 형식이나 요령보다도 글의 주재료가 되는 글감 만들기 연습이 필요합니다. 아이뿐만 아니라 어른들도 글감 만들기에 관한 교육이 필요합니다.

글감을 알면 글쓰기는 저절로 따라온다

"뭘 써요?"
"지금 머릿속에 떠오르는 걸 써봐."
"생각나는 게 없어요."
"아무거나 상관없으니 떠올려봐."
"…."

"뭘 써요?"라는 아이의 말은 글감이 떠오르지 않는다는 뜻입니다. "그럼, 글감을 찾아볼까?"라고 말하며 함께 도와줘야 합니다. 하지만 부모님 입장에서도 쉬운 일은 아닙니다. 도대체 어떻게 글감을 만들어야 하는지부터 막막하게 느껴지니까요. 책이라면 아이를 자리에 앉히고 억지로 읽히기라도 하겠지만, 글이라면 문제가 달라집니다. 아이 스스로 적어야 하기 때문이죠. 뭘 써야 하는지 물어보면 처음부터 숨이 턱 막힌다고 하는 부모님들도 있습니다. 대부분 다양한 글감 만들기 방법을 알지 못해서 그렇습니다.

아이들은 학교에서 선생님이 과제로 내주는 글쓰기도 억지로 하는 경우가 많습니다. 하물며 평소에 자발적으로 글을 쓰는 경우는 더더욱 드뭅니다. 당연한 현상입니다. 그러니 "뭘 써요?"라는 아이의 질문에 부모는 "네 생각을 써"라고 답할 수밖에 없는 것이죠. 부모도 그저 글쓰기를 많이 해봐야 한다고만 배웠을 뿐, 글감 만드는 방법에 대해 소홀한 것이 원인입니다. 부모도 모르는 것을 어떻게 아이에게 알려줄 수 있을까요. 그저 글쓰기를 하면 실력이 좋아진다는 생각을 다시금 곱씹어볼 필요가 있습니다. 글감이 없으면 글쓰기를 시작할 수 없습니다. 아이도, 부모님도 글감 만들기 연습부터 시작해야 할 때입니다.

글의 주인은
쓰는 아이다

 엄밀히 말해 글감 만들기는 글을 쓰는 아이만 할 수 있습니다. 선생님이나 부모님이 주제를 정해준다고 해도 마찬가지입니다. 글감은 글을 쓰는 아이의 경험에서 나와야 하기 때문입니다. 글은 아이의 생각과 감정, 경험을 통해 해석된 이야기를 종이 위에 표현한 것입니다. 어떤 틀에 맞춰 글쓰기를 연습한다 해도 결국 글을 쓰는 아이에게서 모든 것이 나올 수밖에 없습니다.
 '우리 아이는 글재주가 없나?'라는 조급한 생각에 아이를 다그치는 것은 글쓰기 교육에서 최악의 수업 방법입니다. 글쓰기는 암기나 이해 과목이 아닙니다. 엄밀히 말하면 미술이나 음악처럼 창작 활동입니다. 작가만 창작 활동을 하는 것이 아닙니다. 아이만의 생각으로 쓴 모든 글은 세상에서 유일한 창조물입니다. 너무 거창한 것 아니냐고요? 아닙니다.

과거에도 그랬고, 현재에도 글쓰기를 강조합니다. AI 시대인 미래로 갈수록 글쓰기는 더 중요한 능력이 될 것입니다. 특히 다양한 능력 중 창의력 요소를 더욱 강조할 것입니다. 기교와 형식에만 매달리는 글쓰기를 가르치기보다 글감을 찾는 방법을 알려주는 것이 중요합니다.

글의 씨앗을 찾는 방법

"뭘 써요?"에 대한 답변으로 "네 생각을 써봐" 같은 말을 매번 되풀이하면 안 됩니다. 문제가 풀리지 않을 땐 다른 관점에서 해결 방법을 찾아보는 것이 좋습니다. 관점을 바꾸면 답도 달라질 수 있기 때문입니다. 글감 만들기도 일방적으로 가르치기보다 아이와 함께 글감을 찾아 나서는 것이 좋은 방법입니다.

"뭘 써야 할까?"

"글을 쓰려면 왜 떠오르는 게 없을까?"

글쓰기 교육을 하기 전에 글감을 찾기 위해 아이와 함께 이야기해봅시다. 여기서부터 출발하는 것입니다. 그러면 아이도 글을 쓰기 전에 '글감을 찾아 만들어야 하는구나!'라면서 글감 만들기의 중요성을 깨닫게 됩니다.

아이들 글쓰기에 관심이 많은 한 선생님은 제가 쓴 《하루 10분의 기적 초등 패턴 글쓰기》에 나오는 관찰 패턴 글쓰기를 실제로 적용해봤다고 합니다.

"지금 눈에 보이는 걸 그대로 글로 적어도 돼요."

이렇게 말해주자 아이들은 글 쓰는 것을 어려워하지 않았다고 합니다. 어떤 글이든 일단 쓰게 만들려면 응급조치도 필요합니다. 아이들에게 그림을 그리면서 써도 좋다고 하면 좀처럼 꼼짝하지 않던 연필을 들기도 합니다. 심지어 글쓰기 수업에 누나, 오빠를 따라온 유치원생 동생이 덩달아 쓰기도 합니다. 눈앞에 있는 문제를 해결하는 방법에 관한 글쓰기로 연필을 움직이게 하는 것도 좋습니다. 그러나 다른 무엇보다 아이들과 글감에 관해 대화를 해보는 것이 가장 좋습니다.

'머릿속이 하얗다'라는 표현이 있습니다. 만약 머릿속이 백지라면 어떻게 그 위에 까만 글을 적을 수 있을지를 놓고 아이와 함께 이야기해보는 겁니다. 한 줄조차 쓰지 못해도 괜찮습니다. "뭘 써요?"라는 아이의 질문에 "왜 글쓰기만 하려면 머릿속이 하얗게 되는지 찾아보자!"라고 대답해도 충분합니다.

글을 쓰기 위해 글감이 필요하고, 그것을 찾아 나서야 한다는 걸 느끼게 해주는 것만으로도 좋은 출발입니다. 주변을 살피며 '뭘 쓸 수 있을까?'를 찾는 것이 바로 글쓰기의 시작이기 때문입니다. "뭘 써요?"라는 아이의 말과 "네 생각을 써!"라는 부모의 말 사이의 간격이 좁혀질 때 글쓰기는 시작됩니다. 이 문제를 피하지 않고 해결하는 유일한 방법은 단 하나입니다. 바로 '글감을 만드는 능력'을 키우는 것입니다.

다시 말하지만, 글쓰기는 아이가 자신이 무엇을 쓰고 싶은지에 해당하는 글감을 발견하고, 그 글감을 가지고 글을 쓰는 것입니다. 그러니 새끼 새가 어미 새에게 먹이를 달라고 마냥 입을 벌리듯 "뭘 써요?"라고 물으면, 새끼 새가 스스로 먹이를 찾을 수 있도록 둥지 바깥세상으로 인도하는 어미 새처럼 "뭘 써볼까?"라고 되물으며 아이 스스로 글감을 찾아 나서도록 도와줘야 합니다.

언제까지나 매번 둥지에서 어미 새를 기다릴 수는 없는 노릇입니다. 지나치게 어미 새에 의존하다 보면 새끼 새는 스스로 날갯짓을 해 둥지를 벗어나는 법을 터득하지 못할지도 모릅니다. 다른 누구도 아닌 아이 스스로 좌충우돌하며 글감을 찾아보게 해야 합니다. 부모는 아이의 도전과 시련을 옆에서 지켜보며 맞장구쳐주는 것이면 충분합니다.

글쓰기 수업을 바꾼
글감의 재발견

음식 관련 방송에 자주 나오는 방송인 백종원 씨 이야기를 해보도록 하죠. 그는 방송과 유튜브를 통해 갖가지 요리 방법을 알려주곤 합니다. 중학교에 다니는 우리 막내 녀석도 그의 동영상을 보며 종종 떡볶이를 만들어 먹습니다. 아내도 주방에서 음식을 만들 때 가끔 스마트폰 동영상을 켜놓고 그가 알려주는 대로 요리를 합니다. 저는 그의 동영상이 많은 도움이 되는지 궁금해서 아내에게 물었습니다.

"무슨 비법이 있기에 막내도 그렇고 당신도 그의 설명을 듣는 거요?"

"평소 자주 해보지 못한 음식을 만들 때 시행착오를 줄일 수 있어요."

아내의 말을 듣고는 그가 나오는 방송을 찾아봤습니다. 제가 요리에 관해 잘 모르기는 하지만 별로 특별한 내용은 없어 보였습니다. 그런데 그가 음식 장사를 하는 분들에게 반복해서 강조하는 내용이 귀에 들어왔습니다. 무엇보다 기본에 충실해야 하고, 위생 상태가 좋아야 하고, 초심을 잃지 말라는 조언이었습니다. 특히 음식을 하는 데 있어서 재료가 기본이라고 강조했습니다.

처음에는 '별것 없네!'라고 생각했는데 그가 가장 중요하게 강조하는 말에 공감할 수 있었습니다. 제아무리 맛있게 요리할 수 있는 실력이 있다고 해도 재료가 싱싱하지 않으면 소용없습니다. 고기가 상했거나, 채소가 시들었다면 맛있는 음식을 만들 수 없습니다. 게다가 상한 재료로 만든 음식을 먹으면 위험할 수도 있습니다.

신선한 재료의 중요성을 떠올리다 보니 글감 만들기도 요리 재료를 준비하는 것과 닮았다는 생각이 들었습니다. 아무리 글쓰기 요령을 배워도 다양한 글감을 만들지 못하면 매번 비슷비슷한 글을 쓸 수밖에 없습니다. 맛있는 음식을 만들기 위해 신선한 재료를 준비하는 것은 곧 좋은 글을 쓰기 위해 참신한 글감을 만드는 것과 비슷합니다.

한번은 초등학교 3학년이 많이 참여한 글쓰기 수업을 한 적이 있습니다. 특별하게 부모님들도 함께 참여하는 수업이었습니다. 아이는 아이대로 글을 쓰고, 부모님도 자신의 글을 쓰도록 수업을 진행했습니다. 그런데 아이뿐만 아니라 함께 참여한 부모님도 글쓰기보다 힘들어하는 부분이 있었습니다. 바로 글감 만들기였습니다. 당시 글쓰기 수업을 진행하면서 글감 만들기에 대해 새삼 깨달은 것은 두 가지였습니다.

첫째, 글감이 있어야 글을 쓸 수 있다.
둘째, 글감은 발견에 가깝다.

글쓰기 교육에 대해 잘 알고 있다고 생각했는데 그동안 겉핥기식으로 알고 있었다는 걸 뼈저리게 느꼈습니다. 글감 만들기를 중심으로 수업을 하면 '무엇을 쓸까?'에 해당되는 글감을 쉽게 발견합니다. 일단 글감을 만들고 나면 누구나 언제 그랬냐는 듯 쉽게 글을 씁니다.

글감 만들기의 중요성을 깨닫기 전까지는 아이들이 쓴 문장을 보며 '어떻게 하면 더 잘 쓸 수 있을까?'에 대해서만 관심을 가졌습니다. 글감 만들기에 대한 교육으로 다양하게 접근하지 못했던 것입니다.

주로 아이들이 글쓰기를 힘들어하면 스스로 글감을 만들도록 지도하기보다 쓸거리를 제시해주는 편이었습니다. 아이들이 글을 쓰는 시간을 확보할 수 있도록 한 선택이었죠. 그래서인지 수업이 끝나면 항상 아쉬움이 남았습니다. 쓸거리를 알려주면 아이들 각자의 톡톡 튀는 생각을 억압하는 요인으로 작용할 수 있기 때문입니다. 그런 이치를 깨닫고는 더더욱 글감 만들기에 집중하게 됐습니다.

초등 글쓰기에서 핵심은 쉽게 지나치기 쉬운 '뭘 써요?'의 답을 찾는 데 정성을 들여야 한다는 것입니다. 그렇다면 글감 만들기에는 어떤 특별한 점이 있을까요? 지금부터 글감의 특징 두 가지를 하나씩 살펴보겠습니다.

글감이 있어야 쓸 수 있다

글쓰기 수업에 참여한 아이 중에 '개미 발가락은 몇 개인가?'를 궁금해하며 어떻게 글을 쓸지 고민하는 아이가 있었습니다. 그 아이는 황당한 이야기도 서슴없이 재잘거리며 글감을 발견하러 나섰습니다. 저도 아이와 맞장구를 치며 거들었습니다.

"개미에게 신발을 만들어주려면 발 크기도 알아야겠다. 이

왕이면 발가락 양말도 만들어주게 발가락이 몇 개인지 알면 좋겠네."

글감이 있어야 쓸 수 있다는 말이 뻔한 주장이라고 말하는 분도 있을 겁니다. 네, 맞습니다. 하지만 문제는 가장 기본임에도 불구하고 그것을 소홀히 한다는 것입니다. 밥을 지으려면 쌀이 필요하고, 김치를 담그려면 배추가 필요하듯 글쓰기를 하려면 글감이 있어야 합니다. 글쓰기 수업을 하면 할수록 글감 만들기 기술을 가장 비중 있게 다뤄야 한다는 것을 체감하게 됩니다.

예전에는 먼저 아이들이 자유롭게 글쓰기를 하도록 가르쳤습니다. 하지만 기대와 달리 아이들이 쓸거리를 찾지 못하고 글쓰기에 싫증을 내거나 짧은 글을 억지로 쓰는 것을 자주 목격했습니다. 반면 글감 만들기에 집중하는 수업을 하자 아이들이 오히려 신나게 글을 적었습니다. 어떨 땐 아이들과 "또 어떤 글을 쓸까?" 하고 즐겁게 이야기하다가 시간이 가는 줄도 몰랐을 정도입니다. 글을 쓸 시간도 부족한데 "이런 걸 쓰면 어떨까요?"라며 또 다른 글감 이야기를 하기도 합니다.

글감 만들기에 집중해보니 아이들도 적극적으로 글을 쓰는 태도를 보이기 시작했습니다. 다만 정해진 시간에 글감을 찾고 글을 써야 하다 보니 정작 글 쓸 시간이 줄어든다는 단점이 있었습니다. 그래서 고민했습니다.

'아이들의 머리가 말랑말랑해졌으니 자기 생각을 쏟아내려는 걸 멈추고 글쓰기를 시작해야 할까? 아니면 실전 글쓰기가 부족해도 글감 만들기 연습을 계속해볼까?'

시간적 여유가 있다면 당연히 아이들이 글감을 찾아 나선 것을 칭찬하며 맞장구쳐줄 겁니다. 하지만 수업 시간에 대한 성과도 필요하므로 머릿속으로 떠올린 걸 적어보는 것도 중요합니다. 이처럼 글감을 만드는 시간이 늘어나면 그만큼 글을 쓸 기회가 줄어듭니다.

해결책은 생각보다 간단합니다. 아이들이 글감 만들기 기술을 익히고 나면 평소에도 글감 소재를 발견하는 습관을 기르게 하는 것입니다. 단, 아이가 글감을 찾아보고 글도 써본 뒤에 가능한 이야기입니다. 순서는 뒤바뀔 수 없습니다.

처음에는 글감 만들기에 대해 이야기를 하느라 글 쓸 시간이 부족해 써보지 못해도 괜찮습니다. 아이가 자발적으로 글감을 찾는 힘을 키우는 것이 중요합니다. "오늘은 떡볶이에 관한 글을 써보자!"라고 하면 글쓰기를 바로 시작할 수 있습니다. 글도 뚝딱 잘 씁니다.

'배고플 때 엄마가 만들어주신 떡볶이가 맛있었다.'
'떡볶이가 매워서 물을 하마처럼 마셨다.'

이렇게 재미난 글도 씁니다. 부모님은 아이가 쓴 글에 공감해

주고 보완할 내용에 대해 넌지시 "이렇게 표현하는 건 어떨까?" 하고 말해주면 됩니다. 조금 더뎌도 아이 스스로 글감을 만들고 글쓰기를 지속할 수 있는 능력이 중요합니다. 한두 번 쓰기보단 한 달을 꾸준히 쓰는 것이 중요합니다. 일 년을 지속해서 쓰려면 결국 아이 스스로 글감 만드는 능력을 키워야 합니다.

글감은 발견에 가깝다

제가 이렇게 말하면 고개를 갸우뚱하는 분이 있습니다. 글을 많이 써보면 글쓰기 실력이 향상되는 것을 당연한 이치라고 생각할수록 '글감은 발견에 가깝다'라는 말에 알 듯 말 듯한 표정을 짓습니다. 하지만 앞서도 설명한 것처럼 종이에 글자만 늘어놓는다고 해서 글쓰기 연습이 되지 않습니다. 글쓴이의 시선에 따라 글감 만드는 능력이 달라집니다. 초등학교 2학년 세현이가 쓴 글 일부를 보겠습니다.

나무와 함께 보는 하늘

오늘은 밖에 나와서 글을 쓴다. 하늘을 보면 오직 하늘만 보인다. 하지만 오늘은 아니다. 오늘은 나무와 함께 하는 하늘이다. 나무를 통해서 하늘을 보았더니 하늘이 보였다, 안 보였다 반복한다. 하늘에 묻힌 달이 꼭 구름 같다. 나무랑 하늘이랑 함께 보면 나뭇가지와 나뭇잎, 하늘과 색깔이 잘 어우러져 있다. 또 다른 나무랑 보니까 하늘이 기울어져 있는 것 같다.

하늘을 글감으로 글쓰기를 하려던 세현이의 눈에 모든 것이 평소와는 다르게 보였습니다. 마침 나무 그늘이 드리운 벤치에 앉아 고개를 들어 하늘을 올려다봤거든요. 그곳에서 본 풍경 덕분에 공간이 달라지면 하늘도 다르게 보인다는 걸 발견한 겁니다. 그러고는 나무와 함께 바라본 하늘은 어떤 모습일지를 생각하며 글을 쓴 겁니다.

세현이에게 하늘을 보는 장소에 따라 다양한 글을 쓸 수 있다고 말해줬더니 얼굴에 미소가 가득 번졌습니다. 세현이는 연필을 바로 집어 들더니 자신이 쓰고 싶은 하늘에 대해 쓰기 시작했습니다.

'학교 운동장 구석에 있는 철봉에 거꾸로 매달려 본 하늘.'

'창문에서 바라보는 하늘.'

'풀밭에 누워서 본 하늘.'

세현이는 이제 장소를 바꾸는 것만으로 다양한 글감을 만드는 법을 배운 겁니다. 여기에서 하늘을 다른 대상으로 바꾸면 또 다른 글을 적을 수도 있을 겁니다. 정말로 세현이는 〈나무와 함께 본 하늘〉을 쓰고 돌아오는 길에 저에게 말했습니다.

"나무에 앉아 있는 새도 글로 쓰고 싶어요."

과연 세현이가 어떤 글감을 만들어 한 편의 글을 쓸지 궁금해졌습니다. 세현이에게 물어보니 큰 나무에 앉아서 재잘거리는 새와 전깃줄에 앉아 있는 새를 글로 쓰면 다르게 쓸 수 있다고 하더군요. 이렇게 시선만 돌려도 글감으로 만들어 쓸 것이 많아집니다. 결국 아이들의 경험을 통해 숨어 있는 글감을 발견해내는 것의 중요성을 더욱 절실하게 느꼈습니다. 글쓰기 수업을 통해 얻은 소중한 선물은 바로 '발견'이라는 사실이 더욱 의미 있게 다가옵니다.

글감으로 시작하는 초등 글쓰기

"우리 아이에겐 글쓰기 능력이 없는 것 같아요."

가끔 아이가 자신을 닮아 글을 못 쓰는 것 같다고 하는 분이 있습니다. 엄마를 닮거나 아빠를 닮았다고 농담을 하는 분들도 있죠. 그러면 저는 매번 글쓰기 능력은 후천적으로 만들어지는 능력이라고 말을 합니다.

얼굴은 닮을 수 있지만, 글쓰기는 그렇지 않죠. 왜냐고요? 일단 글쓰기 수업 때 부모와 자녀가 쓴 글을 보면 모두 달랐습니다. 당연히 문체도 다르고, 내용도 다릅니다. 아무리 닮은 구석을 찾아보려 해도 찾을 수 없었죠. 게다가 부모와 자녀가 쓴 글이 서로 닮았는지 알 수 있는 기회도 별로 없습니다. 부모와 자녀가 함께 글쓰기를 해봤다는 가정은 정말 '가뭄에 콩 나듯' 봤습니다. 설령 아이 글이 부모의 글을 닮았다고 해도 알기 힘듭니다.

그런데 꼭 아이의 글이 부모의 글을 닮을 필요가 있을까요? 그보다는 아이의 개성이 담긴 글인지가 더 중요합니다. 부모와 자녀가 함께하는 글쓰기 수업을 해보면 부모님이 쓴 글을 듣는 아이도, 반대로 아이가 쓴 글을 듣는 부모님도 서로 놀란 표정을 지을 때가 있습니다. 대화로 나누지 못했던 내용이 글 속에 들어 있기 때문이죠. 특히 부모님의 어릴 적 추억이 깃든 글은 아이들이 더욱 귀를 쫑긋 세우고 듣습니다. 이런 모습은 서로에 대한 궁금함 때문이지 글쓰기 능력이 닮았기 때문이 아닙니다. 글은 유전되지 않는 것이 확실합니다.

"우리 아이는 글쓰기를 싫어해요."

"글 쓰는 능력이 없는 것 같아요."

이 말을 달리 표현하면 이렇습니다.

"아이에겐 딱히 쓸거리가 없어요."

만약 아이가 글쓰기를 좋아하도록 만들고 아이의 글쓰기 능력을 키우고 싶다면 앞으로는 글감을 만들어주고 싶다고 말해야 합니다. 그러면 아이가 글쓰기를 싫어하고, 능력이 없는 것 같다고 생각하는 문제는 간단히 해결됩니다. 글감 만들기 능력을 키워주면 되니까요. 문제의 원인을 알면 절반은 해결된 것이나 마찬가지입니다. 글쓰기를 힘들어하는 원인이 글감 만들기에 있다면 어떻게 해결할 것인지에 집중하면 됩니다.

왜 글감을 떠올리지 못할까

글감 만들기 능력의 필요성은 이해하게 됐어도 어떻게 키워야 할지는 여전히 막연할 수 있습니다. 그런데 그러한 막연함을 갖고 있는 부모님에게 건네는 조언은 또다시 도돌이표 같은 말입니다. '글을 많이 써봐야 한다'라는 것이죠.

하지만 이제 어느 정도 눈치를 챘으리라 생각합니다. 많이 써본다는 것은 그만큼 글감을 많이 만든다는 말이라는 것을요. 수업 때마다 '글감이 있어야 글을 쓸 수 있다'라는 문제와 마주칩니다. 아이들이 글쓰기를 싫어하거나 못 쓰겠다고 하는 이유가 글쓰기 실력이 없어서가 아니라 글감을 떠올리지 못하기 때문이라는 것을 이제는 기본으로 생각하길 바랍니다.

아이뿐만 아니라 어른도 마찬가지입니다. "글쓰기가 쉬운가요?"라고 물어봤을 때 "네"라고 자신 있게 대답하는 사람은 드뭅니다. 저도 마찬가지고요. 다만 자신이 쓰고 싶은 글감이 생겼을 때는 상황이 달라지죠. 글쓰기를 어려워하지 않습니다. 아이들이 글을 쓰지 못하고 책상에 앉아 몸을 비비 꼬고 있는 것은 무엇을 써야 할지 떠오르지 않기 때문입니다.

초등 글쓰기 교육에서는 '왜 글감을 떠올리지 못할까?'에 방점을 찍어야 합니다. 성인도 마찬가지지만 특히 초등 글쓰기에서 중요합니다. '글감 만들기를 어려워하는 아이는 있어도 글 못 쓰는 아이는 없다.' 바로 이러한 생각에서부터 시작해야 합니다.

그렇다면 어떤 해결 방법이 있을까요? 아이들이 글감을 찾는 다양한 방법을 안다면 문제를 해결할 수 있습니다. 아이가 글을 쓰기 위해 연필을 손에 쥐었다고 상상해보겠습니다. 선생님이 말합니다.

"자신이 쓰고 싶은 자유로운 주제를 만들어 한 편의 글을 써 보세요."

아이들은 대부분 선생님을 쳐다보기만 할 뿐, 미동도 없습니다. 그때 한 아이가 손을 번쩍 들고 말합니다.

"그러니깐 어떤 걸 써요?"

이 아이의 말은 글감을 정해줘야 어떤 글을 쓸지 생각할 수 있다는 의미이기도 하고, 도무지 막연해서 무엇을 써야 할지 모르겠다는 의미도 담겨 있습니다. 만약 글쓰기에 익숙하지 않은 아이라면 글감을 제시해주는 글쓰기부터 시작하는 것이 쉬울 겁니다.

예를 들어 '가족 여행'이라는 글감으로 여행의 경험을 글로 써보라고 정해주면 어느 정도 구체적으로 생각할 수 있습니다. 가족과 함께 산과 바닷가로 놀러 갔던 것을 떠올리며 글감을 발견할 수 있겠죠. 여기서부터는 아이들이 각자 써 내려가는 이야기를 들으며 조금씩 도와주면 더 구체적으로 쓸거리를 떠올릴 수 있을 겁니다. 등산을 하다 소나기를 맞은 경험이 있다면 아이가 손에 쥔 연필이 바쁘게 움직이기 시작할 것입니다.

글쓰기의 9할은 글감 만들기에 달렸다

아이들이 달리기 출발선에 서 있습니다. 시작을 알리는 총소리가 나면 결승점을 향해 일제히 달려갑니다. 주변에서 응원하는 소리와 박수가 터져나옵니다. 이윽고 바람을 가르며 결승선으로 한 아이가 맨 처음 들어옵니다. 뒤이어 아이들이 무리를 지어 모두 결승선을 통과합니다. 학교 운동회 때 흔히 볼 수 있는 달리기 시합의 풍경입니다.

글쓰기를 달리기 시합에 빗대어보면 글감 만들기는 어느 지점에 해당할까요? 시합의 시작을 알리는 총소리, 결승점을 향해 뛰는 중간 과정, 결승선 통과 순간. 아무리 생각해봐도 마땅한 곳이 없습니다. 그럴 수밖에 없습니다. 글감 만들기는 아이들이 실질적으로 종이에 글을 쓰기 전의 모든 과정에 해당됩니다. 달리기 시합에 비교해보면 총소리가 나기 전의 모든 과정과 같을 겁니다.

달리기 시합을 앞두고 아이들은 스트레칭으로 몸을 풀어주는 준비 운동을 합니다. 글감 만들기도 이처럼 준비 운동을 하는 것과 닮았습니다. 글쓰기를 시작하기 전 머릿속으로 '뭘 쓸까?'를 떠올리며 생각 스트레칭을 합니다. 눈에 보이지 않는 준비이기에 대부분 소홀히 하는 경향이 있습니다. 하지만 글쓰기의 거의 절반은 글감 만들기에서 결정됩니다. 한 편의 글을 쓸 수 있느냐 없느냐가 결정되기 때문입니다.

본격적으로 글을 쓰기 위해 주제를 구체적으로 제시해주는 것과 아이가 자유롭게 정하도록 내버려두는 두 가지 방법으로 나눠 살펴볼 필요가 있습니다.

1. 주제를 구체적으로 제시하기

"맛있는 음식에 대해 떠오르는 걸 적어보세요."

이렇게 주제를 제시해주면 아이들은 맛있는 음식을 떠올리기 시작합니다. 피자가 떠오를 수도 있고, 떡볶이, 과자, 햄버거,

과일 등등 자신이 먹고 싶은 것을 떠올리겠죠. 그러고 나면 어떤 걸 적을지에 대해 떠올리며 글감을 찾아 나섭니다. 배가 무척 고팠을 때 먹은 치킨과 콜라의 맛을 연결해 글쓰기를 할 수도 있습니다.

이 정도로 준비가 되면 글을 쓰기 위한 준비 운동이 끝난 것이나 다름없습니다. 글의 완성도는 쓰면서 결정될 것이므로 일단 글쓰기를 시작하면 됩니다. 이렇게 글감 만들기와 글쓰기를 반복하다 보면 두 가지 모두 실력이 늡니다.

주제를 제시해주고 글을 쓰게 하는 방법은 아이들이 쉽게 글감을 만들 수 있다는 장점이 있습니다. 하지만 아이 스스로 글감 만드는 능력을 향상하는 과정에 단점으로 작용하기도 하니 적절히 조화를 이뤄야 합니다.

2. 아이 스스로 주제를 만들어보기

"자신이 쓰고 싶은 것을 자유롭게 적어보세요."

이 말이 떨어지기 무섭게 무언가를 쓱쓱 적는다면 최고겠죠. 하지만 현실에선 속으로 가슴을 치며 답답해하는 부모님이 더 많을 겁니다. 어느 정도 글쓰기를 해본 아이라면 쉽겠지만 대부분의 아이들에게 해당되진 않습니다. 아이가 글을 쓰지 않고 눈만 껌뻑이고 있는 모습을 떠올려보세요. 고구마 몇 개는 먹은 느낌이 들 겁니다. 아직 글쓰기 습관을 들이고 있는 경우라면 주제를 제시해주는 데 비중을 두고 시작하는 것이 좋을 듯합니다.

주제를 제시해주지 않고 아이 스스로 주제를 정하고 글감을 만들도록 이끄는 연습의 장점은 너무나 분명합니다. 자발적 글쓰기를 할 수 있다는 겁니다. 반대로 처음 글을 쓰는 아이에겐 저항이 크다는 단점이 있습니다. 그래도 결국 아이가 자발적으로 글감을 만들어 쓰는 방향으로 글쓰기 연습을 해야 하는 것은 부인할 수 없는 사실이겠죠.

주제를 정해주든, 스스로 자유롭게 정하게 하든 반드시 순서를 지킬 필요는 없습니다. 글을 쓰기 위해 글감을 발견하고 만드는 과정은 구체적일수록 쉬워진다는 것이 핵심입니다. 간단히 말하자면 글감이 떠올랐다는 것 자체로 이미 생각을 글로 적을 준비를 마친 것입니다. 따라서 아이들이 구체적으로 글감에 다가가도록 만드는 것이 핵심입니다.

하지만 초등 글쓰기는 대부분 주제를 제시해주면 아이들이 그것과 관련한 것들을 떠올리고 글감을 만들어 쓰는 쪽에 많이 치중돼 있습니다. 글쓰기를 힘들어하는 아이들에겐 주제를 제시하는 글쓰기부터 접근하는 것이 더 쉬울 겁니다. 그러나 결국 아이 스스로 주제를 정해 글감을 만들어 쓰는 것으로 발전해가야 합니다.

이런 글쓰기 수업은 처음이야!

얼마 전 마트에 갔다가 붉은빛을 띤 석류가 눈에 들어왔습니다. 시큼하고 새콤한 석류 맛을 떠올리니 입에 침이 고였습니다. 두 개를 사서 집에 오자마자 한 알을 반으로 쪼갰습니다. "에이, 잘못 골랐네." 석류 속이 짓물러서 썩은 부분이 있었습니다. 자세히 살펴보니 겉껍질도 무엇에 짓눌려 있었습니다. 한쪽 부분을 손가락으로 눌러보니 물컹거렸습니다.

속상한 마음에 다른 석류도 잘라 확인해봤습니다. 처음 것과는 다르게 싱싱했습니다. 먹어보니 입에서 알갱이가 톡톡 터지며 시큼하고 새콤한 맛이 그대로 살아 있었습니다. 석류 하나는 싱싱했고, 다른 하나는 썩어 있었던 것이죠.

아이들의 글쓰기도 두 개의 석류처럼 그 결과가 달라질 수 있습니다. 톡톡 터지는 싱싱한 석류처럼 자신만의 개성이 들어 있는 글을 쓰는 아이도 있지만, 반대로 시들어 못 먹는 석류처럼 누구라도 쓸 법한 그저 그런 글을 쓰는 아이도 있을 수 있습니다. 둘의 차이는 아이 스스로 글감을 만들어낼 수 있는지 여부에 달려 있습니다. 문장을 전개하는 것보다 더 공을 들여야 합니다. 하지만 대부분 글쓰기 수업은 결과, 즉 얼마나 글을 잘 썼는가에만 집중돼 있습니다.

이제부터는 글감 만드는 과정에 공을 들이도록 신경을 써봅시다. 그림 그리기로 비유하면 글감 만들기는 스케치를 하는 과정이라고 할 수 있습니다. 화가가 자신이 원하는 것을 그리기 위해 밑그림을 그리는 것처럼 말이죠.

평가하지 않는 글쓰기

글감 만들기 실력을 쌓으려면 다양한 관점으로 생각해보는 것에서부터 출발해야 합니다. 관점의 폭을 넓히려면 글쓰기의 결과에 대해 평가하지 않는 것이 좋습니다. 아이들이 쓴 문장에 완성도를 너무 기대하면 아이가 경직된 상태로 글을 쓸 수 있습니다. 글감을 다양하게 만드는 연습을 위해서는 다양한 그림의 스케치를 하듯 여러 가지를 구상해보도록 이끄는 것이 좋습니다. 아이가 어떤 글감을 떠올릴 것인지를 적극적으로 상상해보기도 하고, 아이가 경험한 것을 살펴보면서 글쓰기를 하도록 알려줘야 합니다.

하지만 처음 글을 쓰는 아이들은 글감을 찾는 것을 어색해합니다. 간혹 글쓰기를 거부하는 아이들도 있죠.

"오늘은 글쓰기 싫어요."

"그럼 뭘 쓸지 상상만 해볼까?"

아이를 다그치기보다 달래면서 스스로 글감을 찾아 나설 준비가 될 때까지 기다려줘야 합니다. 그러면서 다른 해결 방법을 생각해봐야 합니다. 글쓰기가 싫다는 말은 "지금 쓰고 싶은 게 떠오르지 않아요!"라는 말이기 때문입니다. 그 말에는 도와달라는 의미도 숨어 있습니다.

이때 아이와 함께 이야기를 나누면서 '무얼 써볼까?'에 대해 생각해보면 좋습니다. 글쓰기보다 글감 만들기에 대해 먼저 이야기해보는 것이죠. 아이들은 자기 마음을 표현하고 싶어도 단지 그 방법을 모를 뿐입니다. 한 줄을 쓰기 어려워하는 것일 뿐, 일단 글쓰기를 시작하면 대부분 문장을 이어나갑니다.

부모님 입장에서는 글 한 줄 쓰는 게 뭐 그리 어려운 일이냐고 생각할지 모릅니다. 절대 그렇지 않습니다. 글을 한 줄 썼다는 건 글감이 생겼다는 말이기도 합니다. 글을 한 줄 쓰는 게 어려워서가 아니라 글감을 만들지 못해서 아이들이 글쓰기를 어려워하는 것입니다.

글감이 떠오르지 않는 아이를 무조건 다그치기보다는 아이의 생각을 열어주는 것이 먼저입니다. 아이에게 강요하지 않고 함께 글감을 찾으면서 조금씩 '어떤 글을 써볼까?', '글감을 어떻게 발견해야 할까?'를 생각하도록 도와줘야 합니다. 부모님도 선생님도 그저 아이가 글감을 찾는 것을 도와주는 역할을 할 뿐입니다.

아이가 글쓰기를 좋아하지 않고, 아이가 쓴 글을 보면 한숨이 나온다 해도 조급해하지 마세요. 옆에서 여유 있게 기다려주면서 아이가 스스로 달려 나가는 글쓰기를 하도록 이끌어야 합니다. 무엇보다 초등 글쓰기 접근법을 바꿔야 합니다. 완성된 글을 가지고 평가하기보다 아이만의 반짝이는 생각이 돋보이는 글감을 발견하는 데 더 비중을 둬야 합니다.

글감 만들기에 비중을 두면 아이는 자연스럽게 자기 주도적 글쓰기를 하게 됩니다. 글쓰기도 창작 활동인 만큼 적극적으로 자기 관점에서 글을 쓸 때 좋은 결과를 얻을 수 있습니다. 반대로 수동적 글쓰기를 계속하게 되면 오히려 역효과가 납니다.

"초등학생 때나 쓰던 일기를 더 이상 안 써서 좋아요."

어느 날 중학생이 된 아이가 이렇게 말했습니다. 머리를 무언가로 한 대 얻어맞은 느낌이었습니다. 우리나라 교육 환경에는 중학생이 되면 공식적으로 일기를 쓸 필요가 없다는 무언의 공식 같은 것이 존재합니다. 초등 글쓰기의 단면을 보는 듯했습니다. 하지만 중학생이 됐다고 해도 글쓰기로부터 자유로울 수는 없습니다. 초등학생이든 중학생이든 평소 글쓰기 실력을 키우려면 정답은 하나입니다. 스스로 글감을 만들어 즐겁게 글을 쓰는 습관을 들이는 것입니다. 즉 결과가 아닌 과정에 치중하는 글쓰기를 해야 합니다.

글쓰기 수업을 할 때면 아이들의 글에서 문장을 고치고, 맞춤법을 교정해주기보다 대부분 "잘 썼네"라고 칭찬을 해줍니다. 왜 저라고 지적하고 싶은 것이 없겠습니까. 그러나 몇 달, 넉넉 잡아 일 년 정도의 시간이 지나면 제가 지적하지 않아도 글쓰기의 기술적인 부분은 대체로 자연스럽게 해소됩니다. 글쓰기가 즐거워지면 문장도 맞춤법도 점진적으로 좋아지기 때문이죠. 그리고 자신이 좋아서 글쓰기를 하는 아이들의 글을 읽으면 "와! 기발한 생각을 썼네"라는 말이 절로 나오곤 합니다. 모두 아이가 자신의 시선으로 발견한 글감을 가지고 쓴 글이기 때문에 가능한 일입니다.

스스로 매일매일 쓰고 싶은 글감 책

초등 글쓰기 수업에서 글감에 주목한 이유가 바로 여기에 있습니다. 모든 글쓰기는 글감이 생겨야 시작할 수 있습니다. 아이들이 즐겁고 만만하게 글쓰기를 시작하려면 글감 만드는 법부터 알아야 합니다. 아이가 자기 생각을 꺼내어 다시 글로 적는 과정을 경험해봐야 해요. 그리고 어떻게 하면 전과 다른 글을 쓸 수 있을지를 고민하는 창의적 생각도 필요합니다. 이 모든 과정이 다양하게 글감을 만들고 글을 쓰는 것에 다 포함된 것입니다.

글감을 만드는 주체는 글을 쓰는 사람입니다. 바로 아이들 자신이죠. 한두 번은 부모님이 도와줘서 간단하게 해결할 수 있지만 언제까지고 그럴 수는 없습니다. 아이가 자전거 타는 걸 힘들어한다고 부모님이 대신 운전해줄 수는 없으니까요. 간혹 자전거 뒤에서 잡아주며 가르치면 된다고 생각하는 부모님도 있습니다. 하지만 그러면 아이는 자전거가 비틀거릴 때마다 "손 놓으면 안 돼요!"라고 외치며 부모님에게 기댈 겁니다.

만약 자전거가 속도를 내며 앞을 향해 나아가고 있고, 아이 혼자 탈 수 있을 것처럼 보인다면 슬그머니 손을 놓아야 할 때입니다. 그럼 아이는 자신을 믿고 페달을 힘차게 굴릴 겁니다. 뒤를 돌아봤을 때 부모님이 잡아주지 않는다는 사실을 알면 겁이 나넘어질 수도 있겠죠. 하지만 이런 과정을 몇 번 반복하다 보면 결국 아이 혼자 자전거를 탈 수 있게 됩니다.

글쓰기도 마찬가지입니다. 변함없는 사실은 글쓰기는 아이 스스로 해야 한다는 것입니다. 하지만 이토록 당연한 사실을 잊고 접근하는 부모님이 많습니다. 심지어 주객이 전도돼 아이가 부모님에게 끌려가듯 글을 쓸 때도 있습니다. 여러분은 그럴 리가 없다고요? 아주 간단하게 확인하는 방법이 있습니다. 아이가 부모님이 불러주는 글감을 받아 적고 있는 것은 아닌지 살펴보세요. 스스로 글감을 만들어 쓰는 것이 아니라면 그저 받아쓰기에 지나지 않습니다. 문장을 잘 쓰는 것에만 치우치지 말고 창의적 글감 만들기에 중점을 둬야 합니다. 글쓰기를 가르치는 것이 아니라 아이 스스로 글감 만들기의 필요성을 느낄 수 있게 해줘야 합니다.

쉽고 재밌는 글감 공식

글감을 떠올리지 못하는 아이는 있어도 글 못 쓰는 아이는 없습니다. 즉, 초등 글쓰기를 잘하려면 글감 만들기 능력을 키우는 것부터 시작해야 합니다. 다양한 방법으로 글감을 떠올릴 수 있도록 가르치는 것이 글쓰기 수업에선 무엇보다도 우선시돼야 합니다. 쓰고 싶은 게 생기면 아이 스스로 쓰게 됩니다. 억지로 쓰는 게 아니란 말이죠. 아이가 글쓰기에 흥미를 느끼도록 만드는 것이 문장을 잘 쓰는 것보다 중요하다는 겁니다. 부모님은 아이가 스스로 '어떤 글을 써볼까?' 하고 다양하게 생각하는 힘을 키울 수 있도록 도와주면 됩니다.

그런데 '글감 만들기 능력을 키우려면 어떻게 해야 할까?'를 생각하면 막연하게 다가옵니다. 아이가 쓴 글을 눈으로 보기 전에는 어떤 생각을 했는지 알 수 없기 때문이죠. 여기에 함정이 있습니다. 그리고 무엇이든 성과를 내려는 조급한 마음이 개입하게 됩니다. 사실 저도 마찬가지였습니다. 아이들과 글쓰기 수업을 하면서 한 편의 글을 완성하는 데 집착했습니다. 반대로 글을 쓰지 못하는 것을 인정하려 들지 않았습니다.

'물고기를 주지 말고, 물고기 잡는 법을 알려주라.' 우리가 잘 알고 있는 《탈무드》에 나오는 명언입니다. 아이가 글쓰기에 흥미를 느끼고, 즐겁게 글을 쓰게 하려면 기억해야 할 말입니다. 그렇다면 물고기 잡는 법을 알려주는 것처럼 '글감 만드는 방법은 어떻게 알려줘야 하는가?'라는 문제가 남습니다. 바로 이번 주제의 제목이기도 한 글감 사냥꾼으로 아이를 변화시켜야 합니다.

나는야 글감 사냥꾼

멕시코 중서부 시에라 협곡에는 '타라후마라'라는 원시 부족이 살고 있습니다. 과거에 그들이 사슴을 사냥하는 기술을 보면 굉장히 놀랍습니다. 도망을 치는 사슴을 단순히 쫓아 달려가 잡기 때문입니다. 여기서 궁금증이 생깁니다. 사람보다 빠른 사슴을 어떻게 달려가서 잡는다는 것일까요? 이들은 사슴보다 느리게 달리지만 포기하지 않고 멀리까지 쫓아가는 방법으로 사냥을 한다고 합니다. 보통 사슴은 시속 70킬로미터로 달릴 수 있다고 합니다. 반면 타라후마라 부족은 시속 20킬로미터로 사슴을 쫓아가면서도 포기하지 않는 것이죠. 심지어 눈앞에 사슴이 보이지 않을 때도 발자국이나 냄새 등의 흔적을 찾아 쫓아간다고 합니다. 그렇게 포기하지 않고 쫓아가 지쳐버린 사슴을 잡는다고 해요.

아이들도 타라후마라 부족처럼 글감 사냥꾼이 돼야 합니다. 훌륭한 사냥꾼이 되려면 달아나는 사슴을 포기하지 않고 쫓아가는 끈기를 배워야 합니다. 즉, 아이들도 무엇을 쓸지를 끈기 있게 찾아야 합니다. 우선 글감을 발견하는 것부터 연습해봐야 합니다. 타라후마라 부족이 보이지 않는 사슴의 흔적을 살피며 포기하지 않고 쫓아가 잡는 것처럼 그 글감이 글로 써질지 아닐지, 어떤 내용에 관한 글이 될지는 나중의 문제입니다. 일단 포기하지 말고 글감을 찾는 습관부터 기르는 것이 중요합니다.

완벽한 글감 사냥꾼이 되려면

아이가 훌륭한 글감 사냥꾼으로 거듭나기 위해선 두 가지 기술을 배워야 합니다. 이 책의 핵심 내용이기도 하죠. 바로 단어 채집과 문장 스케치입니다. 타라후마라 부족이 사슴을 사냥할 때와 비교하면 쉽게 이해할 수 있습니다. 단어 채집이란 사슴을 발견하는 것을 말하고, 문장 스케치는 사슴을 쫓아가서 잡는 과정을 말합니다. 요리에 비유하면 단어 채집은 요리 재료 찾기를 말하고, 문장 스케치는 요리 재료를 가지고 어떤 음식을 만들지 생각해보는 겁니다. 맛있는 음식이 될지 아니면 짜고 매운 음식이 될지 모르지만 우선은 요리할 준비가 됐다는 점이 중요합니다.

글쓰기로 돌아와 생각해보면 단어 채집과 문장 스케치를 마친 사람은 누구라도 글을 쓸 준비가 된 것입니다. 이때에는 아이들이 "뭘 써요?"라는 질문을 하지 않습니다. 오히려 자신이 떠올린 생각을 말하며 "이렇게 쓰고 싶어요"라고 말합니다. 조금 더 자세하게 단어 채집과 문장 스케치에 대해 살펴보겠습니다.

1. 단어 채집

한번은 글쓰기 수업 시간에 쓸 게 없다고 백지를 낸 아이가 있었습니다. 수업에 함께 한 아이 엄마의 표정이 좋지 않았죠. 하지만 밖으로 나가 단어 채집을 하는 시간에는 미소를 보였습니다. 아이가 종달새처럼 쉼 없이 말했기 때문입니다.

"저기 보이는 길을 건너 학교까지 걸어간다면 무엇을 글로 쓸 수 있을지 찾아보세요."

학교까지 가는 거리는 고작 100미터를 넘지 않았습니다.

"천천히 걸으면서 눈에 보이는 것이 있는지 말해보세요."

"신호등이 보여요."

"선생님, 여기 거미줄이 있어요."

"이 나무 이름은 뭐예요?"

매일같이 학교로 가는 길을 천천히 걸으면서 '뭘 쓸까?'를 생각하며 글감 재료를 찾아보기만 했는데도 아이들에게서 변화하는 모습이 보입니다. 조금 전까지 쓸 게 없다고 한 아이가 "하늘에 구름이 떠 있어요"라고 말합니다. 우리는 모두 고개를 들어 하늘을 보았습니다.

"저 구름은 강아지 같아요."

"엄청나게 큰 솜사탕처럼 보여요."

아이들은 너도나도 신나서 말합니다. 이렇게 평범한 학교 가는 길에도 글감 재료는 수없이 많습니다. 신호등, 거미줄, 나무, 하늘, 구름, 솜사탕…. 그저 눈에 보이는 것부터 단어를 채집해도 쓸거리가 넘쳐납니다.

아이들이 글쓰기를 힘들어하는 가장 큰 이유는 글감 재료를 찾아보지 않기 때문입니다. 하지만 조금만 관심을 가지면 글쓰기를 위한 쓸거리는 주변에 넘쳐납니다. 이러한 과정을 몰랐다면 아무것도 쓸거리를 찾지 못해 백지를 내고 말겠지만 말이죠.

2. 문장 스케치

단어 채집이 요리에 쓰이는 재료를 찾는 과정이라면 문장 스케치는 재료를 이용해 어떤 음식을 만들어볼지를 생각하는 단계입니다. 아이들이 좋아하는 떡볶이를 만든다고 생각해보면, 단어 채집은 떡, 어묵, 고추장, 달걀 등 떡볶이의 재료를 준비하는 단계입니다. 문장 스케치는 재료를 가지고 국물 떡볶이를 만들지, 매운 떡볶이를 만들지, 채소 떡볶이를 만들지를 생각해보는 단계입니다.

문장 스케치는 말 그대로 그림을 그리기 전 스케치 작업입니다. 글쓰기로 치면 본격적으로 무엇을 쓸지를 구상해보는 것이죠. 구상이라고 하면 아이들에겐 어렵게 들릴 수 있으니 그저 단어 채집한 것을 길게 늘인다고 생각하면 됩니다.

단어 채집을 위해 적은 것을 보며 떠오르는 것은 무엇이든 적어봅니다. 많이 적지 않아도 됩니다. 한 줄이면 충분합니다. 그래도 뭔가가 계속 떠오른다면 한 줄 한 줄 계속 적어보는 것도 좋습니다. '하늘'이라는 단어를 채집한 아이의 글을 예로 들어보겠습니다.

"하늘을 써볼까?"

"푸른 하늘."

"푸른 하늘이 바다처럼 보인다."

"창문 너머 보이는 하늘이 금방이라도 울 것 같다."

이렇게 아이의 머릿속에서 다양한 생각이 떠오르는 것이 문장 스케치입니다. 지금은 단어 채집과 문장 스케치를 구분해서 설명했지만, 둘은 서로 연결돼 있습니다. 스위치를 켜면 불이 들어오는 것처럼 순간적으로 둘 사이에 전기가 통해 글쓰기의 준비 단계가 완성되는 것입니다.

3. 글감 만들기

단어 채집과 문장 스케치가 끝나면 무엇을 쓸 것인지 구체적으로 글감을 만들어봅니다. 즉, 단어 채집과 문장 스케치 과정에서 떠오른 생각이나 경험 중에 글로 연결해보고 싶은 것을 '제목'으로 만드는 겁니다.

이해를 돕기 위해 단어 채집과 문장 스케치, 그리고 글감 만들기를 뒷장의 3단 공식 표에 넣어보겠습니다.

글감 만들기 3단 공식 활용 예시

단어 채집

하늘, 구름, 솜사탕, 바다

(눈에 보이는 단어를 찾아 적습니다.)

문장 스케치

하늘에 구름이 떠 있다.
구름이 꼭 솜사탕처럼 생겼다.
푸른 하늘이 바다처럼 보인다.
하늘이 금방이라도 울 것 같다.

(채집한 단어를 보며 떠오른 생각과 경험을 적습니다.)

글감 만들기

바다를 닮은 푸른 하늘

(스케치한 문장에 어울리는 제목을 지어줍니다.)

글감 만들기가 끝나면 이젠 아이만의 글쓰기 여행이 시작됩니다. 글쓰기가 시작되면 아이 자신도 구체적으로 무엇을 쓸지 알 수 있습니다. 글쓰기 여행을 떠나기 전 준비 단계인 글감 만들기의 중요성을 잊지 말아야 합니다. 글감 만들기 연습을 하지 않는 것은 배낭여행에서 배낭을 챙기지 않는 것과 같습니다. 아이들이 글쓰기를 힘겨워하는 이유도 글감 만들기 연습을 하지 않기 때문이라는 점을 기억하세요. 그리고 아이가 글감 만들기 연습을 자주 해볼 수 있도록 많이 도와주세요.

2장

[초등 글감 수업 1교시]

아이 마음에
글감이 떠오르는 순간

글쓰기 방해꾼을 잡는 단어 채집

아이가 엉덩이를 들썩거리며 글을 쓰기 힘들어하는 이유는 단순합니다. 무엇을 써야 하는지 모호하기 때문이죠. "뭘 써요?"라는 말에 숨어 있는 것이 바로 '모호함'입니다. 글쓰기란 아이 생각을 담아내는 과정입니다. 그런데 막상 글을 쓰려고 해도 무엇을 쓸지 분명하지 않아 쓰기 힘든 것입니다.

글쓰기는 모호함과의 싸움이라 할 수 있습니다. 모호함의 반대말은 '분명함'이죠. 어떤 글을 쓸 것인지를 찾는 과정은 생각을 조금 더 분명하고 명확하게 떠올리게 하는 글감을 찾는 과정으로 이어져야 합니다.

꼬리에 꼬리를 무는 단어 채집

아이들이 글쓰기를 힘들어하는 원인이 모호함이라면 구체적인 글감을 찾는 연습이 필요합니다. 글감 만들기 연습 중 간단하고 쉬우면서도 효과가 뛰어난 것이 '단어 채집'입니다. 단어는 누구나 쉽게 찾아 쓸 수 있습니다. '나는 학교에 간다'라는 문장을 단어로 나눠서 생각해보면 '나', '학교', '간다'로 쓸 수 있습니다. 문장을 만들지 않아도 누구나 쉽게 적을 수 있죠. 그리고 단어 채집, 즉 단어를 종이에 적는 것만으로도 아이들이 쉽게 글쓰기를 시작하는 모습을 수없이 많이 봤습니다.

글쓰기 수업을 하다 보면 가끔씩 아이들이 집중하지 못할 때가 있습니다. 옆 친구와 떠들거나 밖에 나가 뛰어놀고 싶은 마음이 들 때 특히 심해집니다. 언젠가 비가 오는 날이었습니다. 그때도 마침 아이들이 글쓰기에 집중하지 못하고 있었죠.

"어머! 밖에 비가 내리네. 쓸 게 떠오르지 않으면 오늘은 '비'에 관련해 떠오르는 단어를 적어볼까요?"

아이들은 어떤 단어를 적었을까요? 비와 관련 없는 단어를 적기도 하지만 그것도 상관없습니다. 무엇이든 종이 위에 적는 것이 빈 종이로 남기는 것보다 좋습니다. 단어 채집은 주제와 높은 관련성이 있는 단어를 적는 것보다 모호한 생각을 구체화시키기 위한 과정임을 잊지 말아야 합니다. 비와 관련된 단어로 어떤 것들이 있는지 단어 채집 표를 채워보겠습니다.

> **단어채집**
>
> 비, 물방울, 우산, 장화

아이들은 대부분 단어를 적다가 갑자기 떠오른 생각들을 글로 쓰기도 합니다. 단어만 적어도 이전까지 모호했던 생각이 구체적으로 바뀌곤 하죠. 단어와 연결되는 것들이 자연스럽게 떠오르기 때문입니다. 나뭇가지에 앉아 비를 맞는 새에 관해 쓴 아이도 있었습니다. 우산이 없어 비를 맞으며 집에 돌아와 화가 났다고 쓴 아이도 있었습니다.

모든 글쓰기를 반드시 단어 채집부터 시작해야 할 필요는 없지만 글쓰기를 막연하게 생각하는 아이라면 단어 채집을 통해 얻는 효과가 클 것입니다. 글쓰기의 대상을 모호하게 떠올리는 데 그치지 않고 단어를 직접 적음으로써 구체적으로 글을 쓸 수 있는 시작을 열어주는 것이죠. 그만큼 글감 만들기에서 단어 채집은 가장 간단하고, 곧바로 시작하기 좋은 방법입니다.

그럼 이번에는 '비'를 생각하며 찾은 단어와 문장으로 단어 채집과 문장 스케치 표를 채워보겠습니다.

단어 채집

비, 물방울, 우산, 장화

문장 스케치

하굣길에 우산이 없어서 비를 쫄딱 맞았다.

단어 채집과 문장 스케치를 하다 보면 완전히 새로운 단어를 채집할 수도 있습니다. 문장 스케치 단계에서 '새', '나뭇가지'가 떠올랐다면 함께 적어도 좋습니다. 글을 쓰는 아이의 생각과 경험을 결합해 비와는 전혀 관련이 없을 것 같은 단어를 추가할 수도 있습니다.

단어 채집

비, 물방울, 우산, 장화, 새, 나뭇가지

문장 스케치

하굣길에 우산이 없어서 비를 쫄딱 맞았다.
비를 맞은 날은 기분이 안 좋다.
새가 나뭇가지에 앉아 비를 맞고 있다.

    단어 채집 표에 있는 단어보다 두세 배 더 많이 단어를 적는 아이도 있고, 두세 단어를 적는 것도 힘들어하는 아이도 있습니다. 하지만 단어 채집 표에 단어를 찾아 넣고 글감 제목까지 만들면 이제부터는 쉽게 글쓰기를 시작할 수 있습니다. 글감 만들기 표를 모두 채워보겠습니다.

단어채집

비, 물방울, 우산, 장화, 새, 나뭇가지

문장 스케치

하굣길에 우산이 없어서 비를 쫄딱 맞았다.
비를 맞은 날은 기분이 안 좋다.
새가 나뭇가지에 앉아 비를 맞고 있다.

글감 만들기

비둘기야! 내 우산 같이 쓸래?

단어 채집을 하는 것만으로도 문장 스케치와 글감 만들기를 더 잘할 수 있게 됩니다. 단어를 떠올리다 보면 아이 머릿속에서 미처 떠올리지 못했던 생각과 경험이 연결되기 때문입니다. 글감 만들기는 물리적인 결합이 아닙니다. 화학적 결합입니다. 개별적인 단어가 아이의 생각과 경험을 만나 글을 쓰고 싶다는 욕구를 깨워줍니다. 비와 관련된 단어를 적다가 떠오른 새와 우산을 결합해 비를 맞는 비둘기에 관한 글을 쓸 수 있었던 것도 단어와 아이의 생각과 경험이 화학적으로 결합을 한 결과입니다.

지금껏 초등 글쓰기가 힘들었던 이유는 글감을 찾는 과정에 대한 중요성을 놓치고 있었기 때문입니다. 아이들 각각의 생각과 경험을 연결하는 방법에 대한 교육이 빈약한 것이 사실입니다. 하지만 단어 채집은 굉장히 쉽고도 효과적으로 훌륭한 글감 만들기 연습을 할 수 있는 방법입니다. 아이들이 글쓰기에 필요한 단어만 적다 글감을 만들지 못해도 상관없습니다. 그 과정을 경험하는 것만으로도 글쓰기의 방해꾼인 모호함을 거둬내는 과정을 배울 수 있습니다.

오늘부터 시작하는
일상 채집

부모님들은 아이가 매일 한 편의 글을 뚝딱 쓰기를 간절하게 바랄 겁니다. 아이가 매일 스스로 글을 쓴다는 생각만 해도 입꼬리가 올라가는 부모님들도 많습니다. 아이가 글을 쓴다는 상상만 해도 좋은 겁니다. 바로 앞에서 단어 채집만으로도 많은 글감 재료를 만들 수 있다는 걸 배웠습니다. 하지만 단어를 모으는 상상으로 끝나면 글쓰기를 할 수 없습니다. 아이들이 글감 만드는 연습까지 할 수 있도록 옆에서 이끌어줘야 합니다.

글감을 어디서 찾으면 좋을까요? 먼저 아이의 하루 일과에서 시작해보세요. 일상에서 글감을 찾다 보면 글을 쓰기 위한 재료가 멀리 있지 않다는 걸 아이들이 알게 됩니다. 하루에 일어나는 일 중에서 글감을 찾아 만드는 것을 어려워하지 않게 됩니다. 자기 주변에서 글감을 찾을 수 있다는 것을 한번 경험한 아이는 당연히 스스로 글감을 찾아 나서는 힘도 생기고, 자연스럽게 글쓰기 실력도 늘어납니다.

놀면서 써보는 월화수목글요일!

본격적으로 5일간 가까운 일상에서부터 단어 채집 연습과 글쓰기 연습을 해보겠습니다. 매일매일 놀이처럼 1일 1글감 만들기를 해보면 아이도 쉽고 재미있게 따라 할 수 있습니다. 잊지 마세요. 아이와 가까이 있는 깃들을 단어로 채집해야 합니다. 그리고 간단하게 단어 채집 표에 적어보는 겁니다. 아이의 일상을 크게 '공간'과 '시간'의 두 가지 개념으로 나눠서 단어 채집을 해보겠습니다.

    첫 번째, 공간입니다. 아이의 일상 공간은 집과 학교가 많은 부분을 차지합니다. 단어 채집을 한번 해볼까요? 집이라는 공간만 살펴봐도 수없이 많은 단어를 찾아낼 수 있습니다. 아이 방이든 거실이든 상관없습니다. 학교에서도 마찬가지입니다. 운동장에서 뛰어노는 중에도 찾을 수 있습니다. 당연히 공부하는 교실에서도 찾을 수 있을 겁니다. 그럼 집과 학교에서 채집한 단어를 써볼까요?

집에서 단어 채집

책상, 의자, 침대, 책, 옷장,
식탁, 냉장고, TV, 커튼, 창문, 시계

학교에서 단어 채집

교실, 칠판, 급훈, 실내화, 사물함,
계단, 운동장, 철봉, 그네

두 번째, 시간입니다. 하루의 시간 속에서 일어난 사건들을 살펴보며 단어를 채집할 수 있습니다. 쉽게 말해 그날그날 일어난 일을 적는 것입니다. 일단 아침에 일어날 때부터 잠들 때까지 어떤 시간들이 있는지 적어봅니다. 우선 아침, 점심, 저녁이란 단어를 써도 좋습니다. 점심으로 맛있게 먹었던 음식을 적어도 좋습니다. 아이들에게 '오늘 일어난 일'을 적어보라고 하면 대부분 "학교에 갔다 집으로 와서 학원에 갔다"처럼 하루에 일어난 일을 시간의 흐름으로만 적습니다. 그러면 늘 반복되는 일상을 쓰는 것으로 끝나버리고 맙니다. 오늘 일어난 일을 쓸 때는 사건 중심으로 써야 합니다. 사건 중심으로 글감을 찾아 쓰면 새로운 글감이 매일매일 수없이 많아집니다. 점심에 먹은 음식의 맛이 어떠했는지를 가지고도 매일 다른 글감을 만들어 쓸 수 있습니다. 매순간 아이가 느끼는 것은 매번 다르기 때문입니다.

시간의 흐름에서 단어 채집

아침, 점심, 저녁

오늘 일어난 사건에서 단어 채집

점심시간, 김밥, 사이다,
알록달록, 시원한 맛, 소풍의 기분

5일간 아이 일상의 중심이 되는 공간과 시간에서 단어를 채집하는 연습을 충분히 해봅시다. 단어를 채집하다 글감이 떠오르면 곧장 글을 써도 됩니다. 이때 분량은 중요하지 않습니다. 한두 줄의 짧은 문장이어도 상관없습니다. 아이가 스스로 단어를 채집하고 글감을 만들어 무엇이 됐든 글을 쓸 수 있으면 충분합니다. 5일간 매일 글감을 만들어 글을 쓰는 성취감을 맛본 것만으로도 성공인 셈이니까요. 단어 채집에 익숙하지 않을 때에는 월요일에 채집한 단어와 금요일에 채집한 단어가 똑같기도 합니다. 하지만 상관없습니다. 5일간 꾸준히 단어 채집을 하다 보면 익숙해서 지나쳤던 일상의 장면들이 폴짝 하고 떠오르는 순간을 발견하게 됩니다.

일상 채집에서
글감 만들기까지

겨울 꼬리가 살짝 남아 있는 이른 봄, 두툼한 겨울옷을 벗고 노란색 등산복을 꺼내 입고 산에 갔습니다. 이른 봄이라 나뭇잎은 아직 손을 내밀지 않았습니다. 앙상한 나뭇가지 사이로는 여전히 산의 속살이 훤히 보입니다. 산을 오르기를 얼마나 했을까. 놀라운 풍경이 눈에 들어왔습니다. 나무 사이로 핀 분홍색 꽃이 제 눈을 사로잡았습니다. 진달래꽃이 피어 있었던 겁니다.

"봄은 진홍빛으로 오는구나!"

나뭇잎도 없는 앙상한 가지에 핀 진달래꽃. 발걸음을 멈추고 스마트폰으로 진달래꽃을 찍으려고 등산복 주머니에 손을 집어

넣었습니다. 그런데 스마트폰 옆에 있던 메모지인지 명함인지 모를 매끄러운 종이가 손끝으로 느껴졌습니다. 생각지도 못한 오만 원짜리 두 장이 생겼습니다. 공짜로 생긴 돈 때문에 그만 꽃 사진을 찍으려는 걸 잊어버렸습니다. 손에 들려 있는 두 장의 돈을 보며 '언제부터 등산복 주머니에 있었지?' 하고 기억을 더 듬어봤지만 좀처럼 떠오르지 않았습니다. 그리고 이내 '이 돈으로 무얼 할까?' 하는 즐거운 상상이 이어졌습니다. 주머니에서 나온 예상치 못한 공짜 돈. 다음 날 그 순간을 떠올리며 짧은 글을 썼습니다.

공짜 돈 십만 원

한가로운 주말, 작년에 산 등산복을 입고 산으로 향했다. 아직 이른 봄이라 살랑거리며 부는 바람에 쌀쌀함이 남아 있다. 나무는 대부분 앙상한 가지를 드러내고 있다. 산 곳곳에 진홍색 꽃이 피어 있다. 꽃이 봄바람에 흔들리는 모습이 마치 나비가 춤을 추는 착각에 빠지게 한다. "아! 봄은 진홍빛으로 오는구나." 나도 모르게 혼잣말이 나왔다. 주머니에 손을 넣었다가 공짜 돈 십만 원이 생겼다. 이 돈으로 뭘 하지? 뭘 살까? 손에 쥔 십만 원 때문에 이제 봄 풍경은 눈에 들어오지 않는다. 어제 막내가 갖고 싶어 하던 레고를 사줄까.

갑자기 생긴 공짜 돈으로도 글을 쓸 수 있습니다. 꼭 기대하던 것을 발견해야만 글감이 되는 것은 아닙니다. 일상 속에서 마주친 모든 것들이 글감이 될 수 있습니다. 주머니처럼 아주 가까워 평소 관심을 두지 않았던 곳이라도 조금만 관심을 가지면 글감 재료를 발견하고 글감을 만들어 쓸 수 있습니다. 아이들에게도 한 뼘 거리에 글감이 수없이 많이 있다는 것을 느끼게 해줘야 합니다.

이번에는 일상에서 채집한 단어로 글감 만들기까지 연습해 볼까요? 일상에서 찾아낸 글감은 피부에 와닿아 글쓰기에 더욱 좋은 재료가 됩니다. 과연 아이들 주머니 속엔 어떤 글감이 숨어 있을까요?

일상 속 글감과 줄다리기

일상 속에서 발견한 글감과 줄다리기를 하면 글쓰기와 더욱 친숙해집니다. 글쓰기에 앞서 찾아오는 막연함을 말끔하게 해소해 주기 때문입니다. 일상에서 글감을 발견하는 능력을 키우는 것은 그만큼 글쓰기에 도움이 됩니다.

아이들이 글쓰기를 힘들어하는 이유 중 하나는 많이 써보지 않았다는 것입니다. 글을 많이 써보지 않았다는 것은 글감을 어디서 어떻게 찾아내는지도 제대로 경험하지 못했다는 말입니다. 경험해보지 못했으니 글감을 찾아내는 방법을 모르는 것도 당연합니다.

너무나 분명하고도 확실한 해답은 반대로 생각해보는 겁니다. 일상에서 글감을 찾는 기술만 알게 된다면 그만큼 쓸거리가 많아진다는 것이죠. 제가 주머니 속에서 오만 원 두 장이라는 글감을 찾은 것처럼 아이들도 일상 속에 숨어 있는 글감을 찾아낼 수 있습니다. 아주 소소한 것일지라도 일상에서 아이들이 글감을 발견할 수 있다면 더 피부에 와닿는 글을 쓸 수 있습니다.

얼마 전 세탁기 때문에 집 안이 온통 난리가 난 적이 있습니다. 집에서 쉬고 있는데 세탁기에서 빨래가 끝났다는 알림음이 울렸습니다. 아내가 세탁기로 다가가 문을 열고 안을 들여다보더니 한껏 목청을 높였습니다.

"누구야! 누가 주머니에 휴지를 넣었어?"

세탁기 안은 온통 하얀 눈이 온 듯했습니다. 세탁물에 하얀 무언가가 잔뜩 묻어 있었습니다. 가족 중 누군가 주머니에서 휴지를 꺼내지 않고 세탁물로 내놓은 것입니다. 세탁하는 동안 주머니에 있던 휴지는 물에 부풀고 찢겨 세탁기 안 다른 세탁물에 새하얀 흔적을 남겼습니다.

아내는 탐정이 된 듯 세탁을 마친 옷들의 주머니를 뒤지며 범인을 찾기 시작했습니다. 범인이 누구인지 찾을 것도 없습니다. 건망증 많은 저와 가끔 주머니에 휴지를 넣고 까먹는 막내 녀석 중 한 명일 겁니다. 둘은 겁을 먹고 똥 마려운 강아지처럼 거실을 돌아다닙니다.

드디어 범인이 밝혀졌습니다. 막내가 범인이었습니다. 하지만 아내는 저도 전에 자주 휴지를 넣어 사고 친 적이 있다며 막내와 저를 함께 구박했습니다. 저와 막내는 벌로 세탁을 마친 옷에 붙어 있는 종이 눈꽃을 남김없이 떼어내야 했습니다. 두 사람이 빨래걸이에 빨래를 가지런히 널어놓고 검사를 받은 다음에야 사건은 비로소 마무리됐습니다.

이런 생활 속 사건에서 글감을 만들면 재미난 한 편의 글을 쓸 수 있을 겁니다. 주머니에 넣어두고 잊어버린 휴지도 훌륭한 글감이 될 수 있습니다. 일상에서 일어난 일을 글감으로 만들면 글쓰기 습관을 만드는 데도 많은 도움이 됩니다. 꼭 글쓰기 수업 시간에만 글을 쓰는 것이 아니라는 것도 깨닫게 됩니다. 아이가 자신의 일상에서 글감을 발견하는 매의 눈을 갖게 된다면 훨씬 더 훌륭한 글쓰기를 할 수 있을 겁니다. 그럼 세탁기 사건의 이야기를 가지고 글감 만들기 표를 채워보도록 하겠습니다.

[일상을 채집하여 글감 만들기]
주머니에서 시작하기

단어 채집

세탁기, 빨래, 주머니, 휴지, 엄마의 꾸지람

(일상에서 발견한 단어를 적습니다.)

문장 스케치

청바지 뒷주머니에 휴지가 들어 있었다.
주머니를 확인하지 않고 빨래를 세탁기에 넣었다.
세탁기를 열어보니 눈이 내린 것처럼 온통 새하얗다.
범인을 찾는 엄마의 목소리가 쩌렁쩌렁하다.

(채집한 단어를 보며 떠오른 생각과 경험을 적습니다.)

글감 만들기

세탁기 안에 눈이 내렸어요!

(스케치한 문장에 어울리는 제목을 지어줍니다.)

막내에게 세탁기 사건으로 글감 만들기를 해보면 어떨지 물었습니다. 그리고 함께 글감 제목을 두 개 정도 만들고 막내가 고르도록 했습니다. 막내가 생각하는 글의 전개가 어떻게 될지는 모르지만 한껏 기대가 됐습니다. 글감 만들기를 마친 상태는 달리기의 출발선에 있는 것과 같습니다. 이제 마음껏 달리기만 하면 됩니다.

이토록 재밌는
글쓰기 공부라면

 이번에는 학교로 글감 사냥을 나서볼까요? 아이들의 일상에서 학교생활은 큰 비중을 차지합니다. 하루 절반 이상의 시간을 선생님과 함께 공부하고 친구들과 함께 어울리며 지냅니다. 최근 코로나19로 인해 비대면 수업이 늘어 환경이 변했어도 여전히 학교생활의 비중은 큽니다. 학교에서도 손에 닿을 듯 가까운 거리에서 글감을 발견하는 연습을 할 수 있습니다.
 아이가 학교에서 발견할 수 있는 글감 재료로는 무엇이 있을까요? 먼저 일기를 살펴보면 친구들과 함께 놀았던 이야기를 발견할 수 있습니다. 학교 도서관에서 책을 골랐던 일을 적을 수도 있습니다. 운동장에서 뛰어논 것도 쓸 수 있을 겁니다. 게으름을 피우다 늦어 학교까지 달려간 것도 쓸 수 있습니다. 이처럼 학교생활에서도 많은 글감을 만들 수 있습니다.

교실에서 글감을 찾아라

이번에는 조금 다른 시선으로 글감을 찾아 나서볼까요? 노는 것뿐 아니라 수업 시간 자체도 훌륭한 글감이 됩니다. 학교생활 중 가장 많은 시간을 차지하는 수업 시간에서 숨어 있는 글감을 발견해보겠습니다. 전체 수업 중에서 글감을 찾아도 되지만 처음에는 수업별로 가볍게 시작하는 것이 좋습니다. 국어, 사회, 영어, 수학… 여러 수업 시간이 있지만, 특별한 날 있었던 일을 떠올려봅시다.

초등학교 2학년 채린이는 국어 시간이 가장 두렵습니다. 매번 띄어쓰기와 맞춤법을 틀리기 때문입니다. 채린이는 국어 시간에서 어떤 글감을 발견할 수 있을까요? 학교, 수업, 국어 시간이라는 단어를 채집했다면 수업 중에 떠오른 느낌을 한 문장으로 스케치해봅니다. "띄어쓰기는 왜 있는 걸까?", "한글 맞춤법은 정말 어렵다." 다른 친구들에게는 평범한 국어 시간일지 몰라도 채

[일상을 채집하여 글감 만들기]
수업 시간 중 특별한 날

단어 채집

학교, 수업, 국어 시간

(수업 시간에 발견한 단어를 적습니다.)

↓

문장 스케치

띄어쓰기는 왜 있는 걸까?
글씨를 쓸 때면 헷갈리는 단어가 꼭 있다.
한글 맞춤법은 정말 어렵다.

(채집한 단어를 보며 떠오른 생각과 경험을 적습니다.)

↓

글감 만들기

맞춤법 박사가 되고 싶어요!

(스케치한 문장에 어울리는 제목을 지어줍니다.)

린이는 맞춤법 박사가 되고 싶다는 멋진 글감을 발견할 수 있습니다.

　이처럼 40분간 수업했던 내용도 좋고, 수업 시간 중에 유난히 기억에 남는 일만 골라 적어도 좋습니다. 물론 10분이라는 짧은 휴식 시간에 있었던 강렬한 사건도 좋고요. 세 가지 내용이 부분적으로 모두 들어 있는 글도 상관없습니다. 아이가 학교생활을 떠올리며 글감을 만들기 시작하면 매일 반복되는 일과도 글로 쓸 수 있다는 사실을 깨닫게 된다는 것이 중요합니다. 특히 수업 시간을 재료로 글감을 만들어 글쓰기를 하면 그날 공부한 것을 다시 떠올리는 복습 효과도 얻을 수 있습니다. 처음 글쓰기를 할 때는 손에 닿을 듯한 거리에서 단어를 채집하고 글감을 만들어보는 경험이 중요합니다.

　글은 쓰는 사람의 경험에서 나옵니다. 경험은 일상이 거듭되면서 축적되고요. 일주일에 다섯 번 등교하는 학교에서 선생님께 배운 수업 내용, 친구들과의 즐거운 기억을 글감으로 만들면 아이에겐 재미난 경험이 될 겁니다. 다른 누구도 아닌 내 일상에서 채집한 단어로 글감을 만들면 가장 생생한 글을 쓸 수 있습니다.

도서관은 글감의 보물 창고

학교 수업에서 배운 것으로 글감 만들기를 해보면 아이들은 더 다양한 재료를 찾을 수 있습니다. 수업 내용뿐만 아니라 선생님이 해주는 이야기도 글감 재료가 됩니다. 친구의 웃긴 이야기도 놓칠 수 없습니다. 친구가 책을 소개해줘서 읽었다면 그것도 글감 만들기 재료가 될 수 있습니다. 이처럼 학교 수업을 가지고도 글을 쓸 수 있다는 것을 아이에게 알려주면 더 다양한 글감 만들기를 경험할 수 있습니다. 아이들의 일상 속에서 빼놓을 수 없는 것 중 하나가 바로 공부하는 수업 시간이기 때문이죠. 그것을 적극적으로 글감 만들기에 활용해보면 즐거운 글쓰기 시간을 만들 수 있습니다.

수학을 생각하면 궁금해지는 것들

수학은 왜 재미있을까? 나도 모른다. 신비해서 그런가? 어쩌면 내가 수학을 그냥 재미있다고 느끼는 건지도 모른다. 그냥 쉬워서 그럴 수도 있다. 할머니는 수학을 산수라고 말씀하신다. 왜 그럴까? 그게 사투리인지도 모른다. 그게 옛날 말인지도 모른다.

수학은 어떻게 생겨났을까? 사람에게 꼭 필요해서 생겨났을지 모른다. 자연스럽게 생겨났을지도 모른다. 만약에 숫자가 없다면 케

이크가 있어도 초를 몇 개 달라고 할지 모른다. 나이도 없어지는 거 아닐까? 생일 케이크와 선물도 없어지고 미역국과 생일 파티도 없어진다. 그러면 생일 파티에 초대되는 날도 없을 것이다. 으악, 끔찍해! 싫다. 다행히 숫자가 있어서 이 모든 것들을 할 수 있다. 다행이다. 숫자에 고마워해야겠다.

초등학교 2학년 세현이가 수학 수업이 재미있어졌다고 쓴 글입니다. 글을 쓰면서 왜 자신이 수학을 재미있게 느끼는지, 수학이 무엇을 배우는 것인지를 스스로 잘 모른다는 것을 발견했더군요. 제가 아이들을 가르칠 때는 자기가 쓴 글을 읽게 합니다. 세현이도 자기 글을 소리 내어 읽었습니다. 그때 이렇게 슬그머니 말해줬습니다.

"학교 도서관에 가서 수학에 관련된 책을 찾아보렴. 수학 수업 시간에 선생님께 질문해도 좋고."

세현이가 다음 날 학교 도서관에 갔을지 많이 궁금하네요. 학교 도서관은 아이들이 생각지도 못한 이야기로 가득한 글감의 보물 창고랍니다.

글감의 바다에서 헤엄치기

 글감 만들기에서 빠질 수 없는 것은 책입니다. 책은 그야말로 글감의 보물 창고와도 같습니다. 책을 읽으며 글쓰기로 연결하는 힘을 키울 수 있다면 그보다 좋은 것은 없습니다.

 "아이가 책 읽는 걸 싫어해요."

 "어떻게 하면 책을 잘 읽을 수 있을까요?"

 글쓰기 수업인데도 부모님들은 아이의 독서에 관해 많은 고민을 이야기합니다.

 "초등 2학년인데 만화책만 읽으려고 해요."

 "함께 소리 내서 부모님과 아이가 번갈아 읽어보면 어떨까요? 그리고 거기서 끝내지 마세요."

제가 말끝을 흐리면 부모님들은 궁금해서 다시 물어봅니다.

"끝내지 말라고요? 뭘 더 해야 하나요?"

"글쓰기로 연결해보세요."

많은 부모님이 아이의 독서 방법을 고민하는 탓에 서점에는 독서에 관한 책이 굉장히 많습니다. 독서하는 요령, 읽고 난 후 감상평 쓰는 방법, 독서 노트 쓰는 요령 등등 정말 많은 독서 관련 책이 나와 있습니다. 하지만 책 읽기 싫어하는 아이에게 흥미를 느끼게 하는 것처럼 어려운 것이 없습니다. "말을 물가에 끌고 갈 수는 있지만, 물을 마시게 할 수는 없다"라는 속담처럼 말이죠. 지금부터는 어떻게 해야 아이들이 책에서 글감을 발견할 수 있는지에 대해 알아보겠습니다.

책을 읽은 시간만큼 생각하라

책을 읽는 이유는 다양합니다. 알고 싶은 정보를 얻기 위해서 읽고, 훌륭한 사람의 삶을 알고 싶어서도 읽습니다. 무엇보다도 생각할 재료를 얻기 위해 읽는다는 이유가 클 겁니다. 만약 위인전을 읽었다면 그분이 어떤 일들을 했는지를 아는 데서 끝나면 안 됩니다. 책을 읽고서 어떤 생각이 들었는지 돌이켜보지 않으면 '수박 겉핥기'가 돼버립니다. 존 로크는 "독서는 단순히 지식의 재료를 공급할 뿐 이것을 자기 것으로 만드는 것은 사색의 힘이다"라고 말했습니다. 간단히 말해 책을 읽은 만큼 그것에 관해 사색해야 한다는 말입니다. 더 쉽게 말하면 책을 읽고 곰곰이 생각해본 적이 있는지를 묻는 것입니다.

많은 독서가가 책을 읽은 시간만큼 내용에 대해 생각해보는 것이 중요하다고 입을 모읍니다. 하루 동안 책을 읽었다면 그다음 날은 그 내용에 대해 생각(사색)해보라는 것입니다. 일주일 동안 읽었다면 그만큼 사색을 하라는 말입니다.

그런데 생각해보세요. 어른도 책을 읽은 시간만큼 다시 생각하는 과정을 갖지 않는데, 아이들이 잘 해낼까요? 요즘 같은 세상에선 거의 불가능에 가까울 수도 있습니다. 생각할 시간은 고사하고 유튜브, 게임처럼 아이에게서 책을 읽을 시간을 빼앗는 것들이 정말 많습니다.

"독서를 어떻게 하면 좋아요?"

"글쓰기를 하세요."

아이의 독서에 대해 물어보는 부모님들에게 글쓰기로 연결하는 게 좋다고 권합니다. 글쓰기를 하면 독서를 할 시간도, 다시 생각할 시간도 가질 수 있습니다. 무언가를 글로 적는다는 것은 그것에 관해 생각한다는 말이니까요.

전체 줄거리로 글감 만들기

그럼 책에서 찾은 내용들로 글감 만들기를 해볼까요? 만약 책을 읽고 무엇이든 기록해야 한다면 무엇을 적어야 할까요? 독후감도 있을 것이고, 작가에 대해 정리하는 글도 있을 것입니다. 저는 딱 한 가지만 말합니다.

'전체 줄거리를 써보기.'

줄거리를 정성스럽게 쓸 필요는 없습니다. 책을 읽고서 떠오르는 대로 다섯 줄 정도로 멈추지 않고 써보는 것을 추천합니다. 조리 있게 쓰든 엉뚱한 내용을 쓰든 아이에게 전체 줄거리를 적게 하면 책을 얼마나 이해했는지 곧바로 알 수 있습니다. 물론 아이도 글로 적는 과정에서 자신이 읽은 책에 대해 생각하는 힘이 생깁니다. 또 아이는 자신이 쓴 글을 보며 생각합니다. '내가 지금 이 책을 이 정도나 생각하고 있구나!' 전체 줄거리를 적어보는 것만으로도 충분히 독서와 사색의 효과를 볼 수 있습니다.

그럼 실제 책 줄거리를 활용해 글감 만들기를 한번 해볼까요? 《별주부전》을 읽고 글감 만들기 표를 채워보겠습니다.

[일상을 채집하여 글감 만들기]
책 읽고 줄거리 쓰기

단어 채집

《별주부전》

(책의 제목을 적습니다.)

↓

문장 스케치

남해 용왕은 몸이 아프다.
아프면 학교에 안 가도 되니까 좋다.
별주부가 토끼의 간을 구하러 떠난다.
집에 간을 두고 왔다고 말하면 친구들이 믿을까?

(책의 줄거리와 떠오른 생각 또는 경험을 적습니다.)

↓

글감 만들기

아픈 척하고 학교에 안 간 날

(스케치한 문장에 어울리는 제목을 지어줍니다.)

책 줄거리로 글감 만들기를 해서 글을 쓸 때는 독서한 내용과 조금 달라도 상관없습니다. 독후감 쓰기라면 책을 읽고 난 느낌을 적어야 할 겁니다. 하지만 지금 연습하고 있는 글쓰기는 독후감이 아닙니다. 책에서 글감을 어떻게 찾을 것인지를 생각해보고 있는 것입니다. 아이만의 글쓰기를 하는 것이니 아이의 생각을 자유롭게 쓰는 것이 핵심입니다. 책 줄거리를 쓰다 다른 생각이 떠올랐다면 아이가 작가가 되어 써도 됩니다.

아이들마다 책을 읽고 떠오르는 것들이 있을 겁니다. 자신이 주인공이 돼 상상해도 좋습니다. 책에 나오지 않은 이야기를 상상할 수도 있고, 등장인물과 같은 감정을 느끼기도 했을 겁니다. 아니면 자신의 마음에 꼭 드는 한 줄을 발견할 수도 있을 겁니다. 단어 하나가 눈에 들어올 때도 있습니다. 책에서 글감으로 만들 수 있는 것은 수없이 많습니다.

그럼 왜 이전에는 독서를 해도 쓸거리가 없었을까요? 무조건 독서 감상이나 요약하는 형태로 접근했기 때문입니다. 하지만 글감 만들기는 다릅니다. 고정된 틀에서 벗어나 간접 경험한 것으로도 다양한 쓸거리를 만들어낼 수 있습니다. 책을 읽고 생각하는 접근법을 바꾸면 글쓰기로도 자연스럽게 연결할 수 있습니다.

글감 만들기 연습 ①
말꼬리 잇기 놀이

'아이 스스로 글감을 만들어 다양한 글쓰기를 경험해보는 것.'

초등 글감 만들기 수업에서 가장 중요한 과제이자 이 책을 쓴 목적이기도 합니다. 아무리 설명해도 글은 쓰는 아이에게서 나오기 때문입니다. 글감 만들기는 '직접 해보는 것'이 가장 중요합니다. 글쓰기 힘을 키우는 데 그보다 좋은 방법은 없습니다. 그런데 아이 혼자 연습하다 보면 딱히 떠오르는 게 없거나 글감으로 만들 것이 별로 없다고 생각할 수 있습니다. 그럴 때는 다양한 단어를 쉽게 떠올릴 수 있는 놀이를 통해 글감 만들기 연습을 해보면 좋습니다.

말꼬리 잇기 놀이로 글감 만들기

아이들이 글감 만들기 연습을 할 때 여러 단어를 채집할 수 있는 쉬운 방법이 있습니다. 바로 '말꼬리 잇기 놀이'입니다. 저도 중학생이 된 막내와 함께 차로 이동할 때면 늘 말꼬리 잇기 놀이를 시작합니다.

"수박."

"박자."

"자동차."

"차표."

"표지."

"지도."

"도망."

"망고."

"고추잠자리."

"리? (막내 목소리가 커지며) '리'로 끝나는 말이 뭐가 있을까?"

아차 했습니다. 막내는 회심의 미소를 짓습니다.

"리튬!"

말꼬리 잇기 놀이는 막내의 승리로 끝났지만, 많은 단어가 나왔으니 글감 만들기에 적용해볼 수 있습니다. 이렇게 말꼬리 잇기 놀이로 단어를 채집해보세요. 부모와 아이가 함께해도 되고, 아이 혼자 해도 상관없습니다. 그저 한 단어를 쓰고 계속 끝말잇기를 해보는 겁니다. 열 단어 정도까지 찾으면 더없이 좋지만 그보다 적어도 상관없습니다.

여러분도 빈칸에 떠오른 것을 적어보세요.

단어채집

(수박, 박자, 자동차, 차표, 표지, 지도, 도망, 망고, 고추잠자리, 리듬)

자동차, _____ _____ _____

문장 스케치

아빠처럼 나도 운전할 수 있으면 좋겠다.

_____

_____

글감 만들기

어린이 기사

_____

말꼬리 잇기 놀이로 글감 만들기

단어 채집

(말꼬리 잇기 놀이로 단어를 채집합니다.)

↓

문장 스케치

(채집한 단어를 보며 떠오른 생각과 경험을 적습니다.)

↓

글감 만들기

(스케치한 문장에 어울리는 제목을 지어줍니다.)

말꼬리 잇기 놀이로 글감 만들기

단어 채집
(말꼬리 잇기 놀이로 단어를 채집합니다.)

문장 스케치
(채집한 단어를 보며 떠오른 생각과 경험을 적습니다.)

글감 만들기
(스케치한 문장에 어울리는 제목을 지어줍니다.)

[초등 글감 수업 2교시]

꼬리에 꼬리를 무는 글감 탐구 생활

진짜 글쓰기 여행이 시작되다

햇살이 쨍쨍 내리쬐는 여름의 한복판. 가만있어도 등에 땀이 흐르는 날이었습니다. 엄마와 딸, 엄마와 아들, 엄마와 아들과 딸 세 가족이 글쓰기를 하러 모였습니다.

"오늘은 또 어떤 글이 떠오를지 기대하며 써볼까요?"

세 가족에게 쓰고 싶은 주제를 자유롭게 선택해서 써보라고 했습니다. 하지만 무엇을 쓸지 서로 고민만 할 뿐 선뜻 글쓰기 여행에 나서는 가족이 없었습니다. 글감이 떠오르지 않는다면서 애꿎은 제 얼굴만 쳐다봅니다.

"모두 일어나 밖으로 나가겠습니다."

글감 만들기를 말로 설명하기보다 몸으로 느끼게 함으로써 도움을 주고 싶었습니다. 시원한 에어컨이 있는 실내를 벗어나 세 가족을 데리고 건물 밖으로 나가는 입구에 모였습니다. 밖으로 채 나가지 않았는데도 바깥의 열기가 눈에 보이지 않는 파도처럼 밀려들었습니다. 한 발자국만 더 내디디면 레이저 광선처럼 직선으로 내리쬐는 햇살 공격을 받게 됩니다.

세 가족은 저를 향해 돌아보며 '무더위에 꼭 땡볕에 나가야 하나요?'라는 표정을 지어 보였습니다. 그들의 소리 없는 압박에 굽히지 않고 제가 먼저 뜨거운 볕 속으로 몸을 던졌습니다. 목욕탕 사우나 문을 열면 한순간에 열기가 전달되듯이 여름의 열기가 와락 저를 끌어안았습니다. 숨이 막혔습니다. 한 발 내디뎌 땡볕으로 나온 것뿐인데, 건물 안과 밖이 이렇게 차이가 날 줄은 몰랐습니다.

"갑자기 사우나에 들어온 기분이 드네요. 지금부터 땡볕에서 글감을 발견해보겠습니다."

세 가족과 이글거리는 햇볕을 온몸으로 맞으며 거리로 나섰습니다. 한 엄마는 햇살에 눈을 찡그리며 손 그늘을 만들었습니다. 아이들은 몇 걸음 걷다가 더위에 지친 강아지처럼 숨을 헐떡입니다. 포기하지 않고 글감을 찾는 모습이 대견해서 돌아오는 길에 아이스크림 한 개씩을 손에 쥐어줬더니 입꼬리가 올라갑니다.

"밖에 있다 들어오니 에어컨 바람이 시원하죠? 조금 전에 온몸으로 느낀 무더위를 생각하며 글감을 떠올려보세요. 그리고 그것을 가지고 글을 써보세요."

말이 떨어지기 무섭게 손에 쥔 연필이 움직이기 시작했습니다. 조금 전까지 얼굴에 남아 있던 '뭘 써야 하나?' 하는 표정도 사라졌습니다. 아이도 엄마도 분주히 써 내려가기 시작했습니다. 과연 어떤 글을 쓸지 슬쩍 어깨너머로 보니 대부분 더위와 연결된 글이었습니다.

모기 전쟁

위이잉~ 위이잉~.

어! 또 그놈이 왔다. 계속 '위이잉 위이잉'거리며 날갯짓하는 괴물이 왔다. 매일 나의 피를 쪽쪽쪽, 맛있는 주스를 마시듯이 멈추지 않고 계속 먹는다. 나보고 '조금만 더 나눠주면 안 돼?'라고 부탁하는 것 같다. '뭐, 나눠달라면 나눠줘야지!'라는 생각으로 조금만 나눠준다. 하지만 자꾸 손이 움직여서 모기, 아니 그 괴물 쪽으로 간다. 그리고 기다렸다는 듯이 그 괴물을 향해 손을 '탁' 친다. 또 놓쳤다.

'으… 정말 얄미워!!!'

하지만 그 괴물도 나의 박수 공격엔 피하지 못한다. 내가 박수 손을 내밀며 괴물을 향해 '짝짝짝짝' 손뼉 치면 그놈도 어쩔 수 없다. 전쟁이 끝나고 "휴, 대단한 전쟁이었어"라고 말하고 편안한 마음으로 집에 돌아간다.

초등학교 3학년 보희가 한여름 무더위를 몸으로 느끼며 모기를 글감으로 삼아 쓴 글입니다. 얼마 전 땀 냄새를 맡고 날아온 모기 녀석에게 팔을 물린 것이 생각났던 겁니다. 보희가 '모기 전쟁'이라는 글감을 만들기까지의 과정을 각각 다음 장의 단어 채집, 문장 스케치 그리고 글감 만들기 표에 넣어보겠습니다.

글감 만들기 3단 공식 활용 예시

단어 채집

한여름, 무더워, 모기, 가려움

↓

문장 스케치

무더운 여름 날 모기에게 팔을 물렸다.
모기는 왜 나만 물까?
박수 공격으로 모기를 혼내줘야겠다!

↓

글감 만들기

모기 전쟁

10분간의 짧은 글쓰기를 마치고 각자 쓴 글을 발표하는 시간에 보희는 〈모기 전쟁〉을 소리 내어 읽었습니다. 함께 수업을 듣는 부모님과 아이들이 모기에게 물린 것을 재미있게 썼다며 "글이 재밌다", "모기가 진짜 얄밉네"라고 말합니다.

보희의 글을 들으면서 모기에게 물린 모습이 그려졌습니다. 보희는 "앗! 따가워!" 하고 외치는 동시에 자신의 오른쪽 팔뚝을 왼손으로 잽싸게 내리쳤습니다. 그러나 모기는 또다시 '위이잉' 소리를 내며 여유롭게 도망쳤습니다. 모기가 방금 물고 떠난 팔에는 좁쌀만 하게 빨갛게 부은 자국만 남았습니다. 분한 마음에 '박수 공격'으로 모기를 잡으려는 보희의 모습이 그려졌습니다.

2교시 수업을 시작하기 전에, 우리도 1교시 내용을 복습해볼까요? '무더위'와 관련된 글감을 찾아 109쪽 빈칸을 채워보세요. 글은 누가 대신 써줄 수 없습니다. 그러니 그림을 그릴 때 스케치하듯 한번 편하게 적어보세요.

1. 단어 채집

무더위 하면 무엇이 떠오르나요? 보희처럼 '모기'가 떠오르나요? 아니면 천둥 번개가 치고 비가 내리는 것이 떠오르나요? 바닷가, 물놀이, 파라솔, 아이스크림, 햇볕이 떠오르나요? 무더위를 생각할 때 떠오르는 단어를 마음껏 적어보세요.

2. 문장 스케치

채집한 단어를 보면서 떠오르는 생각과 경험을 연결해 문장으로 적어보세요. 예를 들어 여름휴가 때 물놀이를 하고 배가 고파서 맛있게 먹었던 컵라면이 떠올랐다면, '바닷가 모래사장에서 아빠가 만들어주신 컵라면이 정말 맛있었다'라고 적어보는 겁니다.

3. 글감 만들기

단어 채집과 문장 스케치에 쓴 단어와 문장을 보며 제목을 만들어보세요. 여름휴가 때 즐거웠던 놀이, 맛있던 음식, 기억에 남는 것 중 어떤 것도 좋습니다. 자신의 마음에 드는 글감 제목을 만들면 됩니다. 문장 스케치에서 적은 글을 떠올리면서 '컵라면이 제일 맛있던 바닷가 모래사장'이리는 제목을 적어도 좋습니다.

글감 만들기 복습하기

단어 채집
(글로 써보고 싶은 단어를 적습니다.)

문장 스케치
(채집한 단어를 보며 떠오른 생각과 경험을 적습니다.)

글감 만들기
(스케치한 문장에 어울리는 제목을 지어줍니다.)

글감 만들기가 끝나면 글쓰기 여행이 본격적으로 시작됩니다. 글쓰기를 할 때 너무 잘 쓰려고 하면 오히려 쓰지 못할 수 있습니다. 그럴 필요 없어요. 여행처럼 일단 떠나는 겁니다. 집을 나서야만 아름다운 경치도 볼 수 있습니다. 글쓰기도 마찬가지죠. 글감이 만들어졌으면 일단 써보는 겁니다. 잘 쓰고, 못 쓰고 판단하지 말고 뒤돌아볼 필요도 없습니다. 어떤 형식으로 쓸지 처음부터 고민할 필요 없습니다. 계속해서 쓰다 보면 글쓰기 실력은 늘게 돼 있습니다.

두 번째
글감을 찾아서

수업을 마치고 집에 돌아가기 전에 〈모기 전쟁〉을 쓴 보희에게 말했습니다.

"보희야, 오늘 쓴 글 정말 멋졌어. 선생님은 보희가 모기에 관해 또 다른 글을 써보면 좋겠구나."

"…."

보희는 눈을 동그랗게 뜨고 무슨 말인지 궁금해하는 표정을 지었습니다.

"일주일 동안 모기 녀석에게 관심을 가져보는 거야."

"어떤 관심이요?"

"모기에 관해 쓴 책을 찾아 읽거나 인터넷 검색을 통해 알아본 정보에서 글감 만들기를 해보는 거지."

일주일 뒤에 만날 보희에게 모기와 연결된 다른 글감을 발견해보도록 알려줬습니다. 글감에 대해 공부를 하면 할수록 더 다양한 글을 쏠 수 있기 때문입니다.

"혹시 네 팔을 문 모기가 어떤 종류인지 알지도 모르잖아."
"정말 궁금해요. 알고 싶어요!"
"그럼 이번 글쓰기 작전 이름을 〈모기 공부〉라고 정해볼까?"
"네!"

〈모기 공부〉가 재미날 것 같은지 보희는 대답과 동시에 고개를 끄덕입니다.

글감이 글감을 부른다

일주일이 지나 보희를 다시 만났습니다. 〈모기 전쟁〉이라는 제목으로 쓴 글이 꼬리에 꼬리를 물고 어떤 글감으로 이어졌을지 궁금해 보희에게 물었습니다. 보희는 대답 대신 글쓰기 노트에서 한 편의 글을 보여줬습니다.

모기 공부

지구상엔 약 3,500종이 알려져 있고, 한국에선 9속 56종이 기록되어 있다. 모기는 대략 1초에 날갯짓을 800번을 넘게 하는데 그 날갯짓 하는 소리 때문에 위이잉거리는 소리가 난다고 한다. 그 소리는 나에게 모기가 왔다는 신호이기도 하다. 처음엔 위이잉거리다가 날갯짓을 더 빨리하여 애애앵거리는 소리가 난다. 모기의 몸 구조는 다른 곤충들과 같이 머리, 가슴, 배의 세 부분으로 되어 있고 머리에는 한 쌍의 더듬이, 한 쌍의 겹눈, 한 개의 아랫입술, 한 쌍의 아랫입술 수염이 있다. 가슴은 앞가슴 방패판, 가슴 방패판, 작은 방패판으로 나눠지고 몸 전체가 많은 비늘로 덮여 있다.

만약 모기가 이 지구에서 사라진다면 무슨 일이 일어날까?

보희가 〈모기 전쟁〉이라는 글감을 더 깊이 탐구하여 〈모기 공부〉라는 새로운 글감을 만들고, 한 편의 글을 써온 것을 보니 기특했습니다. 어떻게 글감을 찾아 썼는지 보희에게 물었습니다. 책보다는 인터넷 검색으로 모기와 관련된 것들을 대부분 찾아봤다고 했습니다. 검색을 통해 알게 된 정보를 바탕으로 글감을 만들어 〈모기 공부〉를 쓸 수 있었다고 합니다.

그런데 이런 글쓰기 방식에 딴지를 걸고 싶은 분도 있을 겁니다. "정보를 얻어서 쓰는 걸 누가 못 써요!"라고요. 하지만 글쓰기에 익숙하지 않으면 그마저도 못 합니다. 자신이 쓴 글로 꼬리에 꼬리를 물고 글감 만들기를 하는 사람은 거의 없습니다. 대부분 한번 만든 글감으로 한 편의 글을 써보는 데서 끝내기 때문입니다. 관심 있는 주제와 글감을 연결해 새로 글을 쓰는 것은 다른 이야기입니다. 그러니 보희가 더 알아보기를 통해 관심을 확장하는 글쓰기를 한 것만으로도 대단한 겁니다.

글감을 탐구하는 기술

글감 만들기 과정 중 '깊게 탐구하기' 기술은 초등 글쓰기에서 가장 필요한 것이 무엇인지 알려줍니다. 그것은 바로 관심입니다. 글을 쓸 수 있다는 것은 어떤 대상에 관심을 가질 때에 비로소 가능합니다. 관심이 많은 아이는 누가 시키지 않아도 자신이 알고 싶은 것을 찾기 위해 능동적으로 책을 찾아 읽습니다. 인터넷 검색을 통해서도 정보를 찾아보죠.

저도 보희가 쓴 글을 보지 않았다면 모기가 1초에 800번 넘게 날갯짓하는지를 몰랐을 겁니다. 보희 덕분에 글감 만들기를 도와주는 '탐구'의 효과를 확인할 수 있었습니다. 이처럼 깊게 탐구하기 기술을 잘 활용하면 무엇보다 글감의 다양성과 확장성을 키울 수 있습니다. 글감을 발견할 뿐만 아니라 지식을 쌓아가는 공부 효과도 기대할 수 있고요.

    그럼 보희가 첫 번째 글감을 깊게 탐구하여 두 번째 글감을 만들어낸 과정을 글감 만들기 표에 넣어볼까요?

[탐구하여 글감 만들기]
첫 글감을 더 깊게 탐구하기

단어채집

모기 전쟁

↓

문장 스케치

내 팔을 문 모기는 어떤 종류일까?
모기에 대해 더 알고 싶어졌다.
모기가 가까이 오면 왜 '윙이잉' 소리가 날까?
만약 지구에서 모기가 사라진다면?

↓

글감 만들기

모기 공부

나만의 생각을
확장하는 방법

보희는 〈모기 전쟁〉을 쓰고 나서 '깊게 탐구하기'를 통해 다시 한 번 글감 만들기를 했습니다. 그리고 〈모기 공부〉라는 새 글을 썼습니다. 꼭 해야 하는 과제도 아니었는데 일주일 동안 잊지 않고 글감을 만들어 써온 것이 기특했습니다. "보희야! 잘했어"라고 칭찬을 해주기 무섭게 보희는 〈모기 공부〉가 적힌 글쓰기 노트를 넘겨 다음 장을 보여줬습니다. 저는 깜짝 놀랐습니다. 모기와 관련된 글이 한 편 더 있었습니다. 보희의 글쓰기 노트에서 모기가 위이잉거리며 여전히 날아다니고 있었던 겁니다.

지구에서 모기가 사라진다면

"어휴, 1초에 날갯짓을 800번을 하니 매일 저 소리를 들을 수밖에."
여름에는 거의 매일 괴물이 내는 위이잉 소리를 들어야 한다. 위이잉…. 어! 괴물이 다시 왔다. 모기는 땀 냄새와 입 냄새로 우리가 어디 있는지 금세 알 수 있다. 나도 모기가 내는 소리를 듣고 언제나 단단하게 준비할 수 있다.
"야, 잘난 척하지 마! 냄새만 잘 맡는다고 무슨 척척박사가 되는 건 아니거든."
모기가 이 지구상에 없으면 아주 좋을 텐데. 가려울 필요도 없고, 가려워서 긁을 필요도 없고, 긁어서 피가 날 필요도 없고, 피가 나지 않으니 엄마에게 혼날 일도 없는데…. 만약에 지구에서 모기가 사라진다면 어떤 일이 일어날까? 사람들의 감정은 어떨까? 만약 정말로 내가 사는 이 지구에 모기가 없다면 행복할까? 심심할까? 속상할까? 화가 날까? 외로울까? 행복하면서 심심한데 속상하고 화가 나면서 외로운 감정이 들까? 음… 그건 나중에 더 생각해야겠다. 그런데 꼭 모기를 죽여야 할 이유가 있을까?

'모기가 없는 세상은 행복할까?'라는 귀여운 상상을 더해 거침없이 쓴 글이었습니다. 그런데 이 글을 자세히 보면 한 가지 중요한 점이 눈에 띕니다. 바로 글의 완성도입니다. 처음 글감을 만들어 글을 쓸 때는 완성도가 미흡해도 괜찮습니다. 글의 완성도는 자신이 쓴 글을 고칠 때 자연스럽게 좋아지기 시작합니다. 아이가 글감 만들기를 통해 처음 글을 쓰기 시작했다면 '뭘 쓸까?'라는 생각에서 출발해 글감을 발견하는 과정을 즐길 줄 알아야 합니다.

간혹 아이가 쓴 글에 엄격한 잣대를 들이대며 평가하려는 경우가 있습니다. 아이의 글을 보면서 "글 전개가 이상해", "맞춤법이 틀렸네", "띄어쓰기도 틀렸어"라고 지적한 적이 있나요? 아이들은 상상의 나래를 펼치다가도 어른들의 평가를 들으면 그 기준에 맞춰 쓰려고 노력하느라 흥미를 잃게 됩니다. 그러므로 아이들의 글에서 완벽함을 찾으려고 할 필요 없습니다.

그보다 아이가 글감 만드는 능력을 키울 수 있도록 도와주는 것이 우선입니다. 글감 만들기에 익숙해지면 아이는 자연스럽게 글을 더 많이 쓰게 됩니다. 그리고 자주 글을 쓰는 과정에서 글 전개나 맞춤법은 자연스럽게 좋아집니다. 따라서 글쓰기에 대한 평가보다는 내 아이가 '다양한 글감을 만들 수 있는가?'에 좀 더 집중하는 것이 중요합니다. 당장은 글쓰기 실력이 부족해보여도 '한 편의 글쓰기 여행을 떠나보자!'는 마음으로 접근하는 게 좋습니다.

글감 하나가 불러온 나비효과

모기에 관한 보희의 글쓰기 여행은 세 편으로 끝나지 않았습니다. 글쓰기 노트에는 두 편의 글이 더 적혀 있었습니다. 손오공이 분신술을 써서 동시에 여러 명이 나타난 것처럼 보이게 만든 것 같았습니다. 보희의 팔을 물었던 모기 녀석이 끈질기게 위이잉 거리며 글감 만드는 것을 계속 도와주고 있었습니다. 나머지 두 편의 글도 신나게 읽었습니다.

모기의 죽음

이제 전쟁은 끝났고 화해를 해야 한다. 나는 모기처럼 모기만 한 목소리로 아주 조용히 "미안합니다"라고 말했다. 모기 선생도 모기처럼 '아, 니가 모기지! 까먹었다.' 음… 그럼 개미만 한 목소리로 아주 작게 "미안합니다"라고 말하고 난 다음에… 탁!!! 모기를 죽였다. 난 모기를 아주 아주 아주 아주 작은 관에 넣고 장례식을 치렀다. 모두 덩실덩실 춤추는 즐거운 장례식이다.

모기와 숨바꼭질

"꼭꼭 숨어라~ 머리카락 보인다~."
숨바꼭질할 사람이 없으면 모기와라도 해야지. 난 눈을 감고 10을 센다. 1, 2, 3, 4, 5… 10. 찾는다! 계속 어디 있나 찾아도 어디 있을까? 어디 있을까? 눈에 보이질 않는다. 그러다가 팔을 보면 모기가 있다. 참 바보 같은 숨바꼭질이었다.

무더위에서 채집한 단어가 모기와 연결되고, 그렇게 글감 만들기를 해서 쓴 보희의 첫 번째 글이 〈모기 전쟁〉이었습니다. 그리고 〈모기 전쟁〉에서 출발한 글을 시작으로 글감을 더 깊게 탐구해 새로운 글감으로 확장시켰습니다. 글감 만들기 표에 넣어 글도 네 편이나 썼습니다. 이것은 보희가 글감 만들기에 흥미를 가지고 꾸준히 글쓰기를 시도한 결과입니다. 정말 기특합니다. 그럼, 다음 장의 글감 만들기 표를 채워보겠습니다.

[탐구하며 글감 만들기]
첫 글감을 한 번 더 깊게 탐구하기

단어 채집

모기 전쟁

문장 스케치

모기가 존재하는 이유를 찾아봐야겠다.
모기와의 전쟁을 끝내고 싶다.

글감 만들기

모기 공부
지구에서 모기가 사라진다면
모기의 죽음
모기와 숨바꼭질

〈모기 전쟁〉을 시작으로 꼬리에 꼬리를 물고 글감을 확장해 봤습니다. 모기 한 마리를 새 글감으로 확장하는 것은 조금만 관심을 기울이면 누구나 가능합니다. 처음 글감을 깊게 탐구하다 보면 다음 글감으로 연결하고 확장하는 기술을 키워갈 수 있습니다.

글쓰기를 어려워하는 아이들에게 글감 만들기를 자주 경험할 수 있게 해줘야 합니다. 글감 사냥법 중 하나인 '깊게 탐구하기' 기술은 쉬우면서도 글쓰기에 흥미를 느끼도록 도와줍니다. 어렵지도 않습니다. 다만, 지금껏 몰라서 시도를 못 했을 뿐입니다. 한번 글감을 찾아 글을 쓰는 재미를 알게 된 아이는 유능한 글감 사냥꾼으로 변해갑니다.

글감을 탐구하는 아이는 어떻게 다를까?

보희는 글감 만들기의 '깊게 탐구하기' 기술을 통해 글을 네 편이나 더 썼습니다. 그런데 이린 제 이야기를 듣고는 "별것도 아니네!"라고 말하는 분이 있었습니다. 글감 만들기의 효과를 자세히 들여다보면 절대 그렇게 생각할 수 없습니다. 깊은 탐구를 통해 글감을 만들고, 더 나아가 확장하는 글쓰기를 해본 아이의 글쓰기 실력은 눈에 띄게 성장합니다.

글감 만들기 과정에서 깊게 탐구하는 방법에 익숙해지면 다음의 두 가지 효과를 동시에 얻을 수 있습니다. 하나는 아이 스스로 글감을 찾아 나서게 됩니다. 또 하나는 아이의 관심사가 무궁

무진해집니다.

　아이가 선뜻 나서 자발적으로 하는 글쓰기와 부모의 강압에 이끌려 마지못해 하는 수동적인 글쓰기에는 큰 차이가 있습니다. 아이가 쓴 글을 보면 누구나 알아볼 수 있습니다. 스스로 글감을 찾아 나만의 경험과 연결시키는 연습을 자주 하면 자신의 감정을 세밀하게 들여다보게 되고, 자기 주장도 더 논리적으로 펼치게 됩니다. 창의적으로 생각하는 능력과 문해력이 좋아지는 것은 두말할 것도 없고요. 또 처음 발견한 글감을 깊게 탐구하는 과정에서 글감이 꼬리에 꼬리를 물고 이어지면 지식 창고가 쌓여 자연스럽게 궁금증의 영역이 넓어집니다.

스스로 글감을 찾는 아이

초등 글쓰기의 목적은 아이가 독립적인 글쓰기를 할 수 있도록 돕는 것입니다. 대부분 아이들에게 관심 있는 것을 글로 적으라고 하면 처음에는 굉장히 어려워합니다. 자신이 어떤 것에 관심이 있는지조차 모르기 때문입니다. 관심의 사전적 의미는 '어떤 것에 마음이 끌려 주의를 기울임'입니다. 보희가 모기에 관해 여러 편의 글을 쓸 수 있었던 것도 글감 만들기의 '깊게 탐구하기'

기술을 통해 자신이 쓴 글에 관심을 기울였기 때문입니다.

아이들은 조금만 궁금하거나 흥미로운 것이 있으면 큰 관심을 기울입니다. 글감 만들기도 마찬가지입니다. 처음부터 거창하게 책으로 접근하기보다 간단하게 인터넷 검색을 통해 알아보는 것도 괜찮습니다. 이는 탐구하기를 가장 쉽게 할 수 있는 방법이기도 합니다.

어떤 대상에 관심을 기울인다는 것은 집중을 한다는 의미입니다. 어느 하나에 오래 집중하는 힘은 곧 다양한 글감을 만들어낼 수 있는 능력과 연결되죠. 다양한 글감을 떠올릴 수만 있으면 언제든 쉽게 글쓰기로 이어질 수 있습니다.

물론 글쓰기 자체가 아이의 관심을 더욱 키우는 역할을 하기도 합니다. 글감 만들기를 해본 아이는 스스로 글 한 편을 써봤다는 성취감 때문에 전에 없던 호기심이 생깁니다. 예를 들어 '모기'로 글감을 만들고 글을 쓰고 나면 모기에 대해 더 알아보려는 관심이 생깁니다. 그러면 책을 찾아보거나 인터넷을 검색하고, 부모님이나 선생님에게 물어보기도 하겠죠. 그 과정에서 글로 쓰고 싶은 글감이 자연스럽게 떠오르게 됩니다.

'깊게 탐구하기' 기술의 장점은 누가 시켜서 하는 것이 아니라 아이 스스로 정보를 찾고 글감을 만든다는 것입니다.

상상력과 표현력이 남다른 아이

처음 글감을 깊게 탐구하다 보면 다음 글감을 만들고 확장하는 글을 쓰는 것에 익숙해질 뿐만 아니라 관심도 더 다양해집니다. 보희의 입장에서 생각해보도록 합시다. 건물을 벗어나 땡볕으로 나가 온몸으로 더위를 느끼며 글감을 찾습니다. 무더위에 땀이 흘러내립니다. 땀 냄새를 맡고 찾아온 모기에게 물린 기억이 떠올라 〈모기 전쟁〉을 썼습니다. 모기를 더 깊게 탐구하기 위해 인터넷을 검색하며 모기 생김새와 종류 등을 정리해 〈모기 공부〉를 썼습니다. 모기에 대한 관심이 상상력을 키워 〈지구에서 모기가 사라진다면〉을 썼습니다. 또 손뼉을 치며 모기를 잡은 것이 떠올라 〈모기의 죽음〉을 썼습니다. 모기에게 팔을 물렸던 기억을 되살려 〈모기와 숨바꼭질〉로 재미나게 표현하기도 했습니다.

모기와 관련된 보희의 글 다섯 편에는 공부해서 새롭게 알게 된 내용도 있고, 상상해서 쓴 것도 있습니다. 이처럼 처음 글감을 깊게 탐구하다 보면 몰랐던 지식이 쌓이면서 다음 글감으로 생각이 자연스럽게 확장되는 효과를 얻을 수 있습니다. 스스로 글감을 만드는 능력이 더욱 좋아집니다.

보희가 생각을 더 확장시킬 수 있도록 다시 한번 물었습니다.

"모기로 또 다른 글감을 더 만들 수 있을까?"

"잘 모르겠어요."

"모기가 외계인이 되어 지구를 침공하는 상상을 글로 쓰면 어떨까?"

"재미날 것 같아요!"

보희가 다시 한번 글감 사냥꾼이 되어 〈외계인 모기〉라는 글감으로 글을 쓸까요? 상상의 세계로 한발 나아갔을까요? 아니면 다른 글감을 찾아 나섰을까요? 제 질문을 듣고 골똘히 생각하는 보희의 표정을 보니 더욱 궁금해집니다.

확장하는 글쓰기로 이끄는 글감 탐구 생활

아이들에게 글쓰기를 시켜보면 단번에 반응을 확인할 수 있습니다. 글감이 없어서 글쓰기를 힘들어하는 아이들은 연신 몸을 꼬며 글쓰기 시간을 지겨워하거든요. 쓸거리, 즉 글감이 없으면 누구라도 글쓰기를 시작할 수 없습니다. 반대로 글감이 생기면 언제 그랬냐는 듯 아이들은 신나게 글을 씁니다. 이렇듯 글감은 글쓰기의 가장 밑바탕이 되는 재료라고 할 수 있습니다. 그러한 재료를 찾고 글을 쓸 수 있게 다듬는 것이 초등 글쓰기에서 가장 중요한 기술입니다.

2교시 마지막 시간에는 배추 한 포기를 준비했습니다. 강원도

대관령을 지나다 고랭지 배추밭을 본 적이 있습니다. 밭의 끝이 보이지 않을 만큼 수많은 배추가 햇살을 받으며 자라고 있었습니다. 그야말로 장관이었습니다. 김치의 핵심 재료인 배추를 글쓰기 수업에 잠시 빌려오기로 합니다.

"배추를 떠올리면 쓰고 싶은 글이 있나요?"

초등 글쓰기 수업 시간에 배추에 관한 글감을 만들어 글쓰기를 한 적이 있습니다.

> 김치의 종류는 엄청나게 많다. 배추김치, 무김치, 오이김치, 백김치, 갓김치, 겉절이, 김장김치… 옛날 사람들은 먹을 수 있는 풀이면 전부 김치로 만들었나 보다.

초등학교 6학년 동현이가 배추를 글감으로 쓴 글의 일부입니다. 수업 시간에 쓴 글은 아니고 집에 돌아가 글감 만들기를 통해 글을 쓰고 다음 시간에 제출한 것입니다. 그사이 아이는 '깊게 탐구하기'로 다양한 김치의 종류에 대해 알아봤다고 했습니다. 인터넷 검색도 하고 학교 도서관에서 김치와 관련된 자료도 살펴봤다고 합니다.

'배추'에서 시작한 글감이 '김치'에 관한 글로 이어졌습니다. 글쓰기를 잘하고 싶다면 처음 글감에 머무르지 않고 글감을 더욱 확장하면 됩니다. 다른 글감을 계속 연결해 글쓰기를 한다면 긴 글도 어렵지 않게 됩니다. 글쓰기 수업을 할 때마다 한 편의 글만 쓰고 끝나버려 늘 아쉬웠습니다. 제가 글감 만들기의 '깊게 탐구하기' 방법을 적극적으로 알리는 것도 그 때문입니다.

누구나 자신이 쓴 글이 또 다른 글감과 연결되는 과정을 경험해보면 압니다. 그렇게 꼬리에 꼬리를 무는 글감 만들기를 배우고 나면 쓸 것이 굉장히 많아져 글쓰기가 즐거워진다는 것을 말이죠. 당연히 글을 자주 쓸 수 있으니 실력도 쑥쑥 향상됩니다.

글감을 탐구하는 것이 처음부터 쉽지는 않을 겁니다. 다음의 세 가지 방법으로 슬기로운 글감 탐구 생활을 시작해보길 바랍니다.

글감을 탐구하는 세 가지 방법

1. 직접 경험해보기

직접 보고 느끼며 경험하는 것만큼 좋은 방법은 없습니다. 그래야 머릿속에서 상상해서 쓴 글이 아닌, 피부로 와닿는 생동감 있는 글을 쓸 수 있습니다. 교실에 앉아 배추를 보며 강원도 고랭지 배추밭 풍경을 떠올리는 것처럼요. 만약 아이가 밭에서 자라는 배추를 보기 위해 멀리 나가기 힘들다면 마트에 가는 것으로도 충분합니다. 김장철이면 배추를 파는 활기찬 시장에 나가보는 것도 좋겠네요.

직접 체험하는 데 어려움이 있다면 선생님이나 부모님에게 직접 물어보는 것도 좋은 방법입니다. 부모님이 김장을 했던 경험을 들려주는 것도 좋습니다. 이런 모든 과정 자체가 생동감 있는 글쓰기를 할 수 있는 연습입니다. 막연히 자리에 앉아 글만 많이 쓰기보다 직접 발품을 팔아 글감을 찾아보는 것입니다. 이렇게 아이가 직접 경험해 글감을 만들고 쓴 글은 누가 읽어도 생생한 느낌을 전달받을 수 있습니다.

2. 인터넷 검색하기

스마트폰과 인터넷에 친숙한 아이들이 부담 없이 접근할 수 있는 방법입니다. 스마트폰이 있으면 더욱 쉽게 검색할 수 있겠죠. 뉴스 기사나 연구 논문처럼 글과 사진을 검색할 수도 있고, 유튜브처럼 동영상을 찾아볼 수도 있습니다.

처음에는 대부분 '배추'를 검색 키워드로 삼을 겁니다. 배추에 대해 점점 더 많은 정보를 알게 되면 김치에 관한 글감으로 탐구 영역을 넓힐 수도 있습니다. 김치는 언제부터 만들어졌고, 전 세계에 얼마나 널리 알려져 있는지 등등 처음에는 생각지 못했던 다양한 글감도 찾을 수 있습니다.

3. 책 찾아보기

만능 지식 창고인 책이 빠질 수 없겠죠. 보통 아이들은 책이라고 하면 도서관을 자연스럽게 떠올립니다. 맞습니다. 학교 도서관은 수많은 책이 보관된 곳이고, 다양한 정보들을 찾을 수 있는 곳입니다. 다만 책은 직접 경험하거나 인터넷을 검색하는 것처럼 빠르게 접근할 수 있는 방법은 아닙니다. 자신이 알고자 하는 것과 관련된 책을 찾는 요령이 필요합니다. 저는 아이들에게 직접 책을 찾아보는 것과 다른 사람의 도움을 받는 것을 모두 경험해보라고 말해줍니다.

첫 번째, 직접 찾아보기. 책 제목으로 찾는 방법입니다. 예를 들어 '배추', '김치'라는 단어가 들어 있는 책 제목을 도서관의 검색 목록에서 찾는 것입니다. 배추나 김치를 검색해 어떤 책들이 있는지를 살펴보면 됩니다.

두 번째, 도움받기. 도서관 사서 선생님에게 찾고 싶은 글감에 관한 책을 추천해 달라고 도움을 청할 수 있습니다. 그 책을 쓴 작가에게 궁금한 내용을 물어볼 수도 있고요.

탐구하여 글감 만들기 예시

단어 채집

배추, 김치

(더 알아보고 싶은 단어를 적습니다.)

문장 스케치

나는 김치가 좋다.
겨울이 되면 엄마와 함께 시장에서 배추를 산다.
배추는 어떻게 김치가 될까?
유튜브에서 김치 만드는 방법을 찾아봐야겠다.

(경험, 검색, 독서로 단어를 깊게 탐구합니다.)

글감 만들기

배추 김치를 맛있게 만드는 방법

(스케치한 문장에 어울리는 제목을 지어줍니다.)

아이가 배추와 김치를 깊게 탐구하면 과연 어떤 글감을 만들지 궁금해집니다. 그리고 어떤 내용의 글을 쓸지도 궁금해집니다. 사실 글감을 만들고 글을 쓰는 아이도 자신이 어떤 글을 쓰게 될지 전혀 알 수 없습니다. 일단 글을 적으며 시작해야 알 수 있습니다. 어떻게 써야 잘 쓰는 것이고, 못 쓰는 것인지를 너무 신경 쓰지 말고 거침없이 써보는 게 우선입니다. 글은 언제든 고칠 수 있습니다. 다만 쓰지 않으면 고칠 것도 없다는 걸 잊지 말아야 합니다.

글감 만들기 연습②
글감 탐구하기

하나의 글감을 깊게 탐구하면 하늘에 떠 있는 별만큼이나 무수히 많은 글감으로 확장할 수 있습니다. 지구에 사는 동물과 식물로 글감 만들기를 한다면 어떨까요? 상상할 수도 없을 만큼 글감이 엄청나게 많을 겁니다. 직접 나서보세요.

저는 공룡처럼 큰 파리가 날아다니는 상상을 해봤습니다. 그래서 글감 제목을 '공룡이 된 파리'라고 정했지요. 과연 어떤 이야기가 펼쳐질지 궁금하지 않나요?

식물은 어떨까요? 세쿼이아라는 나무는 무려 100미터까지도 자랄 수 있다고 해요. 그런데 나무는 키가 클수록 뿌리에서 물을 끌어올리기 힘들다고 합니다. 그래서 안개에서도 수분을 얻는다고 하죠. 신기하지 않나요? 이처럼 식물에 관해 깊게 탐구할수록 셀 수 없이 많은 글감을 만들 수 있습니다.

책을 보거나 인터넷 검색을 하면서 다음 장의 빈칸을 자유롭게 채워보세요.

동물을 탐구하여 글감 만들기

단어 채집

파리

(더 알아보고 싶은 단어를 적습니다.)

문장 스케치

익룡은 하늘을 나는 파충류라고 한다.

(경험, 검색, 독서로 단어를 깊게 탐구합니다.)

글감 만들기

공룡이 된 파리

(스케치한 문장에 어울리는 제목을 지어줍니다.)

식물을 탐구하여 글감 만들기

단어 채집
(더 알아보고 싶은 단어를 적습니다.)

문장 스케치
(경험, 검색, 독서로 단어를 깊게 탐구합니다.)

글감 만들기
(스케치한 문장에 어울리는 제목을 지어줍니다.)

우주를 탐구하여 글감 만들기

단어 채집

(더 알아보고 싶은 단어를 적습니다.)

↓

문장 스케치

(경험, 검색, 독서로 단어를 깊게 탐구합니다.)

↓

글감 만들기

(스케치한 문장에 어울리는 제목을 지어줍니다.)

[초등 글감 수업 3교시]

하루 10분의 기적
패턴 글감 만들기

첫 문장을 쓰게 하는 힘

초등 글쓰기 수업을 하다 보면 글머리를 열어주는 단계에서 자주 벽에 부딪히곤 합니다. 아이들과 글감 만들기 이야기를 주고받다가 순식간에 수업 시간 절반이 날아가기 때문입니다. 그래도 그 시간이 아깝지는 않습니다. 아이들은 대부분 글감을 발견하고 나면 언제 쓸 게 없었냐는 듯 글 한 편을 뚝딱 써 내려가니까요.

그런데 수업 시간에는 글을 곧잘 쓰던 아이도 집에서는 또다시 글쓰기를 어려워할 수 있습니다. 옆에서 지켜보던 부모님도 답답해하긴 매한가지죠. 부모님과 아이가 모두 끙끙거리며 숨어 있는 글감을 찾지 못해 힘들다고 말합니다. 이런 고민을 해결하려면 어떻게 해야 할까요?

　부모님과 자녀가 함께 글쓰기에 대해 고민할 때 해결의 실마리를 찾길 바라는 마음으로《하루 10분의 기적 초등 패턴 글쓰기》를 썼습니다. 누구라도 곧장 첫 줄을 쓸 수 있도록 가이드를 제시하는 것이 패턴 글쓰기의 목적입니다. 글쓰기에 일정한 패턴이 반복된다는 것을 처음 알린 책이기도 하고요. 그런데 패턴 글쓰기도 큰 틀에선 글감을 발견하는 훌륭한 도구로 사용할 수 있습니다.

　하나씩 살펴보도록 하겠습니다. 관찰 패턴 글쓰기는 주위에 보이는 모든 것을 글로 적으면서 시작할 수 있습니다. 글감이 떠오르지 않을 때 눈에 보이는 것을 적으면 그 대상을 더욱 자세히 보게 됩니다. 자연스럽게 관찰을 유도하는 것입니다. 실제로 모든 연령에서 효과를 확인한 글쓰기 패턴입니다.

　글쓰기 수업 시간에 초등학교 3학년 언니를 따라온 일곱 살짜리 동생이 있었습니다. 옆에서 언니가 글을 쓰고 있는 것을 멀뚱히 지켜보던 아이는 자신도 글을 써보고 싶은 듯했습니다. 몇 마디 말을 걸어보니 아직 한글을 쓰는 것이 서툴렀지만 그림 그리는 걸 좋아한다고 했습니다.

　"언니처럼 글쓰기 힘들면 먼저 그리고 싶은 걸 그려보렴."

"꽃을 그리고 싶어요."

아이에게 연필과 종이를 주었더니 창가에 있는 꽃을 보며 그림을 그렸습니다. 그림 아래에는 쓰고 싶은 것을 적어보라고 했습니다. 아이는 삐뚤빼뚤한 글씨로 '꽃이 예쁘다. 빨간색도 있다'라고 적었습니다. 유치원에 다니는 아이에게 글쓰기 수업은 그림이 있는 글쓰기 놀이가 되었습니다. 사실 아이의 그림과 글만으로는 무슨 꽃인지 정확히 알 수 없었습니다. 하지만 여러 꽃을 그리고 빨간색으로 색칠한 것이 잘 어울렸습니다. 아이에게 칭찬의 의미로 한마디 더 해주었습니다.

"여러 색깔이 있는 꽃도 예쁘겠는걸."

"무지개 꽃을 그려보고 글도 써보고 싶어요."

아이의 반응에 깜짝 놀라 그림의 제목을 정해주면 좋겠다고 생각했습니다.

"그림 아래에 무지개 꽃이라고 적어도 좋겠네."

고개를 끄덕이는 일곱 살짜리 아이가 집에 가서 무지개 꽃에 관한 글을 썼을지 궁금합니다.

어떤 대상을 자세히 관찰하고 그것을 글로 표현하는 것은 누구나 어렵지 않게 할 수 있습니다. 만약 글쓰기를 시작하지 못하는 아이가 있다면 첫 줄을 열 수 있도록 도와주는 관찰 패턴 글쓰기를 권합니다. 글쓰기에는 다양한 패턴이 존재하지만 그중에서도 저는 아이들이 쉽게 적용할 수 있는 '관찰', '오감', '질문', '감정', '주제' 패턴을 글쓰기에 접목시켰습니다. 패턴 글쓰기를 해본 아이들에게 효과가 어떠한지 질문해봤습니다.

"패턴 글쓰기를 해보고 뭐가 달라졌나요?"

"자꾸 머릿속에서 뭔가 쓸 것이 떠올라요."

패턴 글쓰기를 활용해본 아이들은 "전보다 글쓰기가 쉬워졌어요!", "글쓰기가 만만해요"라고 말합니다. 아이들이 스스로 글감을 찾아 나선다고 말해주면 저는 속으로 '그렇지!' 하고 쾌재를 부릅니다. 모든 아이가 글쓰기를 놀이처럼 느낀다면 얼마나 좋을까요. 글을 잘 쓰는지 못 쓰는지는 중요하지 않습니다. 이전보다 글쓰기가 재미있다고 느끼는 것으로도 충분합니다.

패턴을 알면 글감 발견도 쉬워진다

"눈에 보이는 것을 써보라고 해서 아이가 쓸 동안 저도 따라 해보니 자꾸 떠오르는 게 생겨 계속 무언가를 적게 되네요."

패턴 글쓰기 수업을 함께 들었던 한 아이의 엄마가 말했습니다. 아이와 함께 글쓰기를 해본 부모님들은 그 효과를 인정합니다. 그럼 저는 부모님들에게 당부의 말을 전합니다. 아이들의 글쓰기는 자주 해볼수록 실력이 좋아진다고요. 그리고 두 가지 조건을 반드시 지켜야 한다고 말합니다.

첫째, 10분 정도의 짧은 시간 동안 써도 된다.
둘째, 아이가 쓴 글을 평가하지 않고 칭찬해준다.

두 가지 조건을 6개월만 지켜달라고 부모님들에게 말합니다. 그렇게 6개월 동안 글쓰기 연습을 해도 아이가 글 쓰는 것을 좋아하지 않고 문장 실력이 늘지 않으면 그때 부모님이 가르치고 싶은 대로 해도 늦지 않다고요.

많은 부모님들이 패턴 글쓰기를 해보고 나면 일단 아이가 무언가 먼저 글을 적기 시작해서 좋다고 합니다. 아이가 "뭘 써요?"라고 물어보지 않으니 난감함이 없어졌다고요. 글 전개가 엉망이고 맞춤법이나 띄어쓰기가 틀려도 칭찬해줄 것을 먼저 찾아야 하니 아이를 닦달하지 않아도 되겠죠. 글쓰기를 하면서 오히려 자녀와의 관계가 더욱 돈독해진다고 합니다. 이보다 더 좋은 교육이 있을까요?

초등 글쓰기의 마중물

아이가 글을 한 줄도 쓰지 못하는 상태는 다음의 두 가지로 구분할 수 있습니다.

첫째, "뭘 써야 하지?" 머릿속에 아무것도 떠오르지 않는 상태.
둘째, "이걸 쓸까? 저걸 쓸까?" 쓸거리가 머릿속에서 맴돌고 있는 상태.

아이들은 두 가지 상태를 모두 쓸 것이 떠오르지 않는 상태로 받아들입니다. 이때 어떤 식으로든 한 줄을 쓰게 하는 동력이 필요합니다. 바로 패턴 글쓰기가 그러한 추진력을 실어주죠.

아이 머릿속에서 정말 아무것도 떠오르는 게 없거나, 쓸거리가 머릿속에 맴돌 때에는 첫 줄을 쓸 수 있도록 살짝 건드려줘야 합니다. 무작정 쓴 첫 줄이 마음에 들지 않아 나중에 지워버린다 해도 마찬가지입니다. 정말로 쓸거리가 없으면 당장 눈앞에 보이는 것을 묘사하는 관찰 글쓰기로 첫 줄을 적어도 됩니다. 아이가 쓰고 싶은 것들이 머릿속에서 맴돌기만 한다면 단어 채집을 통해 단어부터 먼저 적어보면 됩니다. 이처럼 글쓰기의 시작에 대한 사전 공부가 돼 있지 않으면 대부분 자신이 쓰고 싶은 것을 완벽하게 떠올렸을 때에 비로소 글을 쓸 수 있다고 생각합니다.

첫 문장을 쓸 때는 자신이 쓰고 싶은 내용과 동떨어진 것이라도 괜찮습니다. 첫 문장을 적는 것이 곧 글감을 발견할 수 있게 도와주는 마중물이 되니까요. 그다음부터 아이가 다양한 글감 만들기를 통해 스스로 글을 쓰기 시작하면 점점 더 많은 글을 쏟아내게 됩니다. 마치 마르지 않는 옹달샘의 물처럼 쉬지 않고 글을 쓸 것입니다.

관찰 패턴
글감 만들기

 글쓰기 수업에 참여하는 연우는 차분하고 조용한 성격을 가졌습니다. 평소에 글도 곧잘 씁니다. 그런데 하루는 연우의 연필이 종이 위에서 꼼짝을 하지 않았습니다. 연우에게 다가가 주위를 둘러보고 관찰 패턴 글쓰기를 해보면 좋겠다고 말했습니다. 연우는 두리번거리더니 창문에 놓여 있던 화분으로 시선을 던졌습니다. 화분에는 꽃이 피어 있었습니다.
 저도 연우와 함께 화분을 바라봤습니다. 창문 너머로 살금살금 들어오는 햇살이 화분 속 꽃을 비추고 있었습니다. 꽃 이름은 모르겠지만 여러 색이 섞여 있었습니다. 연우는 잠시 그곳을 바라보더니 연필을 움직이기 시작했습니다. 몇 글자 적다가 고개를 들어 화분을 보고, 다시 글을 적다 멈추기를 반복했습니다. 그렇게 두세 번 반복하더니 언제부턴가 화분을 보지 않고 글을 적어 내려갔습니다.

꽃이 있다

꽃잎은 노란색과 하얀색과 초록색이 섞여 있다. 화분은 꽃의 색깔과 다르게 탁한 회색이다. 화분은 자신을 희생하여 꽃을 더 돋보이게 해준다. 아래에서 묵묵하게 도와주고 있지만, 사람들은 화분은 보지 않고 꽃만 본다. 꽃은 그것도 모르고 햇빛만 야금야금 먹고 있다. 꽃의 줄기도 꽃을 도와주고 있다. 줄기는 꽃을 최대한 잘 보여주려고 허리를 꼿꼿이 세운다. 꽃이 예쁜 이유는 뒤에서 열심히 도와주는 친구들이 많기 때문이다. 만약 꽃에게 화분과 줄기가 없다면 예쁘긴 하지만 덜 예쁠 것 같다. 이래서 친구를 잘 사귀어야 하는가 보다.

연우의 글은 창문 앞에 놓인 화분과 꽃을 묘사하는 것으로 시작합니다. 단어 채집과 문장 스케치, 글감 만들기를 거쳐서 글을 쓰기 시작한 것이 아닙니다. 관찰 패턴 글쓰기를 통해 곧장 글감을 만든 것입니다.

첫 문장부터 살펴보도록 합시다. 먼저 '꽃잎은 노란색과 하얀색과 초록색이 섞여 있다'면서 눈에 보이는 것을 그대로 적었습니다. 그러고는 자신이 생각하는 것과 글을 연결하기 시작합니다. 글의 앞부분은 창가에 있는 꽃과 화분을 관찰하면서 썼지만, 중간부터는 자기 생각을 더했습니다. 사람들이 꽃은 좋아하지만 화분은 좋아하지 않는다고 생각하죠. 그래도 꽃이 돋보이는 것은 화분이 있기 때문이라고 말합니다. 그런 꽃과 화분을 보며 '이래서 친구를 잘 사귀어야 하는가 보다'로 글을 마무리했습니다.

연우는 이 글을 10분이라는 짧은 시간에 썼습니다. 어떤 글을 쓰건 처음부터 완성도 있는 글을 기대할 필요는 없습니다. 아이가 나중에 자신이 쓴 글을 다시 읽으며 생각을 추가하거나 문장을 고치며 다듬으면 됩니다. 글을 완벽하게 쓰려 하기보다 자신의 경험과 연결하며 생각을 덧붙이는 것이 중요합니다. 심지어 다시 써도 괜찮습니다.

연우가 쓴 글을 글감 만들기 표에 적어보겠습니다.

[관찰 패턴 글감 만들기]
꽃을 관찰하고 묘사하기

단어채집

꽃, 화분, 햇빛

(눈으로 관찰하고 싶은 것을 적습니다.)

문장 스케치

꽃은 노란색, 하얀색, 초록색이 섞여 있다.
화분은 탁한 회색이다.
햇빛을 받고 활짝 핀 꽃이 참 예쁘다.

(단어를 그대로 묘사하거나 떠오른 생각을 적습니다.)

글감 만들기

꽃이 있다

(스케치한 문장에 어울리는 제목을 지어줍니다.)

글감이 떠오르지 않아도 글을 쓸 수 있다

관찰 패턴 글쓰기를 하면 아이들은 무엇이든 자세히 살펴보게 됩니다. 처음에는 아이들이 눈에 보이는 것을 유심히 들여다보고 글쓰기를 시작하는 것만으로도 충분합니다. 쓸거리가 없어도 첫 줄을 쉽게 쓸 수 있다는 것이 관찰 패턴 글쓰기의 최고 장점입니다. 글감이 떠올라야만 쓸 수 있다는 고정관념에서 벗어나게 해줍니다.

저는 아이가 매일 일기를 쓸 때마다 '뭘 쓸까?'를 고민하고 괴로워하는 것을 보며 일단 글을 쓰면서도 생각할 수 있다는 걸 알려주기 위해 관찰 패턴 글쓰기를 활용했습니다. 먼저 글쓰기와 친해지는 것이 중요하니까요. 마치 그림을 그리기 전에 밑그림을 그리는 것과 비슷합니다. 글감 만들기를 명확하게 해보지 않아도 괜찮고, 글을 쓰다가 내용이 마무리되지 않아도 괜찮습니다. 그저 눈에 보이는 것을 종이 위에 한 줄이라도 쉽게 써보기 위한 방법입니다.

결과는 생각한 것보다 훨씬 놀라웠습니다. 처음에는 '창틀에 꽃이 있다' 정도로 마지못해 글을 적던 아이도 다음 문장을 쓰려고 하니 계속 대상을 자세히 보게 되고 세부적인 묘사도 하게 됩니다. 그렇게 몇 번 연습을 하다 보니 연우처럼 긴 글을 쓸 수 있게 됐습니다. 그뿐만 아니라 눈에 보이지 않는 것까지도 연결해서 쓸 수 있는 방법을 자연스럽게 터득하게 됐고요.

그림을 그리듯이 쓴다

관찰 패턴 글쓰기는 글감을 만들어야만 글을 쓸 수 있다는 프레임에서 벗어나게 해줍니다. 정확히 말하면 한 문장을 쓰더라도 글감을 찾아낼 수 있게 도와주는 방법입니다.

어떤 글이든 처음에 시작하긴 쉬워도 마무리가 잘 되지 않는 경우가 있습니다. 주제가 명확하지 않은 경우도 많습니다. 또는 문장이 깔끔하게 전개되는 것을 기대하기 힘들 때도 있고요. 하지만 반복하면 실력이 된다는 말처럼 몇 번 쓰다 보면 글감을 만드는 실력이 좋아집니다. 글 전개도 매끄러워집니다. 글은 계속 쓰는 과정에서 주제도 느낌도 표현력도 더욱 명확해지죠. 관찰 패턴 글쓰기를 반복하는 아이를 보면 분명히 알 수 있습니다.

아이들과 글쓰기 수업을 할 때는 창문틀에 무심히 놓인 화분도 글감이 될 수 있습니다. 눈에 보이지 않는 글감도 문장 스케치를 통해 눈앞에 나타나게 할 수 있습니다. 아이들에게 관찰해보고 싶은 것을 물어보면 다양한 것들을 말하곤 합니다.

"집, 학교, 아파트, 친구, 들판, 산, 바다…."

너무 많으면 그중 하나만 골라볼까요? 가슴을 탁 트이게 만드는 바닷가에 있다고 상상해보겠습니다. 드넓은 백사장에 아이와 함께 서서 바다와 주변을 관찰합니다. 이제 관찰한 것을 그림으로 그리듯 글로 묘사해봅시다. 보통 첫 문장을 쓰기 시작할 때 초등 저학년일수록 단문으로 시작할 거라고 생각합니다. 하지만 몇 번 반복하다 보면 저학년도 고학년 못지않게 상세하게 그림을 그리듯 글을 써 내려갑니다.

"바다가 보인다. 파란색이다…."

관찰 패턴 글쓰기를 처음으로 시도해보는 아이들은 대부분 단순 묘사부터 시작합니다. 그러나 두세 번 경험해보면 글이 몰라보게 달라집니다. 예컨대 '바다가 보인다'에서 '바다는 파란 물감처럼 시원한 색이다'와 같이 점점 구체적이고 비유적인 표현을 적기 시작합니다. 또 글을 쓰면 쓸수록 점점 더 자기 생각과 연결하는 힘이 세진다는 걸 알 수 있습니다. 자신의 경험과 연결되는 경우도 많죠. '엄마, 아빠와 바닷가에서 캠핑을 했었다. 동생과 바다로 달려갔다'라면서 가족과 함께 휴가를 떠났던 경험을 적기도 합니다.

그럼 다음 장의 글감 만들기 표에 '바다'를 관찰하며 떠오른 것들을 채워보겠습니다.

[관찰 패턴 글감 만들기]
바다를 관찰하고 묘사하기

단어 채집

바다

↓

문장 스케치

바다가 보인다.
바닷물이 파란 물감 같다.
가족들과 바닷가에서 캠핑한 기억이 떠오른다.
동생과 나는 바다로 달려갔다.

↓

글감 만들기

바다 여행

처음에는 그저 보이는 것을 그대로 묘사하는 데서 그치지만, 글을 많이 써볼수록 변하는 것이 있습니다. 바로 제목부터 떠오르는 경우가 많아진다는 것입니다. 당연한 결과입니다. 글쓰기를 반복하다 보니 글감을 만드는 능력도 덩달아 좋아지기 때문입니다. 찰흙 놀이와 비슷합니다. 딱딱한 찰흙을 손으로 조물조물 주무르다 보면 점점 원하는 형태의 모양이 만들어지는 것처럼 글쓰기도 마찬가지입니다.

글감이 뚝딱 떠오르고, 마음에 쏙 드는 제목이 만들어지고, 첫 줄부터 잘 써지는 경우는 거의 없습니다. 오히려 글감이 명확하지 않아도, 제목이 없어도, 단 몇 줄밖에 적지 못해도, 마음에 들지 않아도 꾸역꾸역 적어나가야 합니다. 이렇게 반복하는 시간이 쌓일수록 실력이 향상됩니다. 관찰 패턴 글쓰기는 처음부터 완벽하게 문장을 적지 않아도 되니 글감 만드는 부담감도 줄여줍니다. 일단 눈에 보이는 대로 글쓰기를 시작하면서 쓰는 과정을 즐겨보세요.

오감 패턴
글감 만들기

아이들에게 손가락으로 글을 써보라고 말하면 다양한 표정을 짓습니다. 어이없다는 듯 쳐다보는 아이도 있고, 자신의 손가락 끝을 뚫어지도록 보는 아이도 있습니다. 손가락은 연필이 아니라는 표정을 짓기도 합니다. 이럴 때 쓰는 방법이 하나 있습니다.

"노트를 펼치고 눈을 감으세요."

그러면 일순간 주위가 조용해집니다.

"손가락을 연필이라고 생각하세요. 그리고 검지를 종이 위에 올려놓으세요."

가끔 키득거리는 소리도 들리지만 더 진지하게 말합니다.

"천천히 '검지가 연필이다'라고 종이에 써보세요."

이윽고 떠오르는 글감이 있으면 손가락에 정신을 집중하고 한 줄만 또박또박 적어보라고 하죠. 그러면 골똘히 생각하다 무언가 적는 아이도 있고, 장난으로 받아들이는 아이도 있습니다. 왜 이런 연습을 하는 것일까요?

아이들이 연필로 글을 쓰는 것과 또 다른 느낌을 받도록 하기 위해서입니다. 아이들에게 종이 위에 손가락으로 천천히 글씨를 쓰며 손끝으로 전해지는 촉감을 느껴보라고 합니다. 그러면 아이들은 손끝에 느껴지는 종이가 매끄러운지, 차가운지, 따뜻했는지에 대해 신이 나서 말합니다.

종이 말고 거친 느낌을 주는 물건이 있으면 그곳에 다시 써보라고 해도 좋습니다. 느낌이 더 두드러지기 때문입니다. 주변에 특별한 물건이 없으면 아이들이 입고 있는 옷에 써보라고 합니다. 손가락 끝으로 느낀 감각을 생각하며 다른 것을 만져보게 합니다. 가까이 있는 연필, 지우개, 노트는 물론이고 밖에 나가 모래나 나무를 만져봐도 좋습니다.

저는 날씨가 좋은 날에는 가끔 아이들과 밖에서 글쓰기를 합니다. 공간을 바꾸면 분위기가 달라지고, 그러면 글감을 발견하고 만드는 것도 새롭게 다가오기 때문입니다. 건물 안에 앉아서 쓰는 것과 다르게 걸으면서 주변을 둘러보면 글감 재료에도 더욱 생생하게 접근할 수 있습니다. 비유하자면 집토끼만 찾기보다 야생에서 거침없이 뛰노는 산토끼도 발견하는 셈이죠.

아이는 학교에 갈 때 걷는 길, 신호등, 버스, 나무, 길고양이… 주변에서 자주 보는 것들 속에 숨어 있는 글감을 끄집어낼 수 있습니다. 글쓰기 수업 시간에 밖으로 나가면 아이들은 더욱 신이 나서 부모님과 손을 잡기도 하고, 팔짱을 끼기도 합니다.

한번은 건물 밖으로 나오자 느티나무가 눈에 들어왔습니다. 다른 나무들보다 나이를 많이 먹은 듯 몸집도 크고, 새도 제법 많이 앉아 있었습니다. 아이와 나무 가까이 가서 손가락 끝으로 느티나무를 만져보게 했습니다. 안아도 보고 주위를 돌며 자세히 들여다보라고 말해줬습니다. 이날 부모님과 자녀가 함께 나무를 만져보며 어떤 느낌이 드는지 체험을 해봤습니다. 아이와 함께 온 엄마가 쓴 글의 느낌이 좋아 함께 살펴보겠습니다.

엄마의 발바닥

느티나무는 우리 엄마다. 느티나무껍질은 거칠한 우리 엄마 발바닥 같다. 바람에 흔들리는 나뭇잎처럼 온갖 세상살이 비바람에 흔들려도 느티나무 기둥처럼 꼿꼿이 살아가신 우리 엄마. 비바람에 흔들리는 나뭇가지 아래에서도 우리를 위해 그늘을 만들어주셨다. 따스한 햇볕, 모진 비바람을 피할 수 있는 그늘을 만들어주셨다. 이제는 나도 작은 느티나무가 되었다. 바람에 흔들리는 나뭇잎과 가지를 가졌을지라도 나의 아이들을 지키기 위해 그늘을 드리우며 작은 빗방울을 막아주는 아이들만의 느티나무. 아이 셋의 작은 느티나무가 되어가다 보니 나의 발바닥도 어느덧 느티나무껍질처럼 딱딱하고 거칠던 우리 엄마의 발바닥처럼 되어버렸네.
'엄마의 발바닥은 더 거칠어지더라도 너희들만의 느티나무가 되어줄게.'
이렇게 세월은 흘러간다. 외할머니는 우리 엄마의 느티나무가 되어주셨고, 그 아이는 자라 엄마가 되고 우리의 느티나무가 되어주셨다.

느티나무껍질의 거칢을 손끝으로 느끼다 친정 엄마가 떠올랐던 것입니다. 자식을 키우느라 고생하시다 가뭄에 쩍 갈라진 논바닥처럼 변한 친정 엄마의 발바닥을 느티나무껍질과 연결했습니다. 아이의 엄마는 자신이 쓴 글을 읽다 목소리가 잠깁니다. 옆에서 듣던 아이는 엄마 팔을 잡고 얼굴을 봅니다.

느티나무에 숨어 있던 글감. 이렇게 촉감으로 글감을 발견할 수 있습니다. 만져보기만 할 수 있는 건 아닙니다. 아이들은 셀 수도 없이 많은 개미가 줄을 지어 나무 위를 오르고 내리는 모습을 보며 다른 글을 씁니다. 눈을 감고 나뭇잎이 바람에 흔들려 내는 소리를 들으며 상상의 나래를 편 글을 적기도 합니다.

오감을 열면 글감이 쏟아진다

여름의 느낌

밖에 나가서 여름 모습을 보니 갈색의 가지와 풍성한 초록색 잎사귀가 달린 무성한 나무가 나의 시선을 사로잡는다. 자세히 보니 작은 개미 친구들이 열심히 나무를 오르락내리락한다. 나무는 간지러운지 흔들거린다.

여름의 냄새. 아주 많이 덥고 뜨거운 열기가 내 코를 찌른다. 여름의 느낌은 정말 더우면서 달콤하기도 하고 시원할 때도 있다. 여름의 소리는 정말 듣기 좋다. 나무에서 윙윙거리는 매미 소리. 매미는 여름을 더워할까? 내 생각엔 시원해할 것 같다.

여름은 만지면 손이 탈 것같이 뜨겁다. 개미들은 어떻게 이렇게 더운 곳에서 1초도 쉬지 않고 열심히 일하는 것일까? 그늘에 가보니 정말 시원하고 좋았다. 느티나무를 만져보니 돌을 만지는 느낌이라고 할까? 아빠의 꺼칠한 턱수염을 만지는 느낌일까? 정말 신기한 여름의 느낌. 잊을 수 없었던 순간이다.

보고(시각), 듣고(청각), 만지고(촉각), 맛보고(미각), 냄새를 맡으며(후각) 글감을 발견할 수 있습니다. 오감이 글감 만들기를 도와주는 것입니다. 아이들은 머릿속 생각만으로 글을 쓸 수 있다는 고정관념이 깨지는 경험을 하게 됩니다.

　살아 숨 쉬는 생명체가 아니라도 마찬가지입니다. 나무뿐 아니라 대상만 바꾸면 어디서든 숨은 글감을 만날 수 있습니다. 오감을 통해 글감을 만들어내기 시작하면 아이들은 떡볶이에서도 글감을 만들어낼 수 있습니다. 발에 채는 돌멩이에서도 글쓰기가 시작될 수 있습니다.

　오감 패턴 글감 만들기는 아이들도 금방 이해할 수 있습니다. 눈, 코, 입, 귀, 손의 다섯 감각을 통해 느낀 것에서 글감을 발견하면 됩니다. 주변을 둘러보면 쉽게 만날 수 있는 나무를 글감으로 삼아 함께 글쓰기를 하는 상상을 해봅시다. 아이와 함께 학교 운동장으로 나가 주변에 있는 나무 하나를 고릅니다. 나무 앞에 다가서서 오감으로 나무와 이야기를 시작할 준비를 합니다.

　오감으로 나무를 느끼고 떠오르는 대로 글감을 만들어봅시다. 팔 벌려 나무를 안아보고 어떤 느낌이 들었는지를 쓸 수도 있습니다. '나무를 껴안을 때의 기분'이라는 제목으로 말이죠. 아이들의 오감을 열어주면 손에 잡힐 듯 생생한 글을 쓸 수 있는 기술 하나를 또 얻게 된다는 것을 잊지 마세요.

[오감 패턴 글감 만들기]
나무를 오감으로 느끼고 표현하기

단어 채집

나무

(오감으로 살펴보고 싶은 것을 적습니다.)

문장 스케치

갈색 나무에 초록색 잎사귀가 잔뜩 달렸다.
나무를 안아보니 돌을 만지는 것 같다.
나무에게서 시원하고 달콤한 향이 난다.
나무에 매달린 매미의 울음소리가 시원하다.
나뭇잎에서는 어떤 맛이 날까?

(채집한 단어를 오감으로 느끼고 표현합니다.)

글감 만들기

여름의 느낌

(스케치한 문장에 어울리는 제목을 지어줍니다.)

질문 패턴 글감 만들기

"자신에게 무엇이 궁금한지 질문해보세요."

"…."

글쓰기 수업을 하다가 궁금하거나 관심 있는 것을 질문하라고 하면 아이들은 꿀 먹은 벙어리가 됩니다. 누구나 질문하는 자체만으로도 수많은 글감을 발견할 수 있다는 것을 알고 있습니다. 하지만 막상 자유롭게 질문을 해보라고 하면 아이는 무엇을 질문해야 하는지 고민만 합니다. 당연합니다. 평소 자신이 궁금하거나 관심을 가진 것이 무엇인지 질문을 해보지 않았기 때문입니다.

뉴턴은 질문에 있어서 천재였는지도 모릅니다. 나무에서 떨어진 사과를 보고 질문을 떠올렸으니까요.

"왜 사과는 항상 땅으로 떨어질까?"

뉴턴이 던진 이 질문이 바로 만유인력이라는 물리법칙을 발견하는 시작이 됐습니다. 사과가 떨어지는 것을 보고 대단한 발견을 해야 한다는 말이 아닙니다. 그만큼 뉴턴은 평소에도 다양하고 구체적인 질문을 해봤을 겁니다. 글쓰기 수업에서 만유인력까지 들먹이는 이유는 습관처럼 던진 질문 하나로 수없이 많은 글감을 발견할 수 있기 때문입니다. 그저 질문하는 자체만으로도 글감을 만들 수 있습니다.

"무엇이든 질문을 해보세요."

아이들에게 질문을 하라고 해도 준비가 돼 있지 않으면 질문을 하지 못합니다. 하지만 경험이 부족한 것일 뿐, 질문 자체를 못 하는 것은 아닙니다. 질문 패턴 글감 만들기를 자주 해보면 유독 재미난 일이 많이 생깁니다. 한번은 장난기 가득한 얼굴을 한 녀석이 "왜 스파이더맨은 거미줄이 손에서 나올까?"라는 질문을 던졌습니다. 옆에 있던 아이가 "스파이더맨은 거미 인간이니까 당연히 손에서 거미줄이 나오지?"라고 대꾸했습니다. 그 말에 녀석이 다시 말합니다.

"진짜 거미는 엉덩이에서 (거미줄이) 나오잖아."

[질문 패턴 글감 만들기]
스파이더맨에 대해 질문 만들기

단어 채집

스파이더맨, 거미줄, 거미

(글로 써보고 싶은 단어를 적습니다.)

문장 스케치

스파이더맨은 왜 거미줄이 손에서 나올까?
진짜 거미는 엉덩이에서 거미줄이 나온다.
거미는 스파이더맨보다 손이 훨씬 많다.

(채집한 단어에 대해 궁금한 점을 질문합니다.)

글감 만들기

거미를 위한 장갑

(스케치한 문장에 어울리는 제목을 지어줍니다.)

그 말을 듣고 아이들이 한바탕 웃었습니다. 이렇듯 질문은 우리가 상상의 나래를 펼치게 도와줍니다.

"만약 스파이더맨처럼 거미도 손에서 거미줄이 나온다면 어떨까? 거미는 손이 많으니 더 많은 곳에서 거미줄이 나오겠네."

옆에 있던 친구가 또 한마디 합니다.

"거미는 손이 아니라 발이 많은 거야."

말장난 같아 보여도 자꾸 상상하는 질문을 던지다보면 어떤 글감이 만들어질지 예측할 수가 없어서 더욱 기발한 글감이 탄생합니다.

구체적일수록 질문은 쉬워진다

글쓰기 수업 시간에 아이들이 질문을 할 수 있도록 가르칠 때는 아이의 눈높이에 맞게 알려줘야 합니다. 무조건 아이에게 질문부터 하라고 하면 쉽게 입을 떼지 못하거든요. 그럼 어떻게 가르쳐야 아이들이 질문을 할 수 있을까요? 다음과 같이 아이들에게 말해봅시다.

1. 질문해보세요.

2. 상상 질문을 해보세요.
3. 독수리처럼 날 수 있다면 기분이 어떨까요?

아이들은 1번보다 2번처럼 물어볼 때 대답을 많이 합니다. 그럼 3번처럼 물어본다면 어떨까요? 쉽게 예상할 수 있겠죠? 아이들은 선생님의 질문을 듣고는 상상의 나래를 펼치기 시작합니다. 자신이 독수리가 되어 창공을 나는 생각에 빠집니다. "가고 싶은 곳까지 차를 타지 않고 갈 수 있어 신날 것 같아요"라고 대답하는 아이도 있습니다.

3번 질문에 아이들이 가장 많이 반응하는 이유는 명확합니다. 질문이 구체적이기 때문입니다. 그런데 자신에게 묻고 답하는 것에 익숙하지 않은 아이일수록 질문을 글감으로 연결하는 힘이 약합니다. 방법은 하나입니다. 부모님이 구체적인 질문거리를 자주 만들어주고 아이 스스로 조금씩 생각을 넓혀가는 연습을 해보는 겁니다.

"머리카락은 왜 점점 길어지기만 하고 뚱뚱해지지 않을까?"

당연히 머리카락은 길게 자라기만 한다고 생각했는데, 뚱뚱하게 자랄 수도 있지 않을까 생각하는 아이들의 상상력이 기발하고 대단하지 않나요? 질문 패턴에 익숙해지면 우리 아이는 더 놀라운 글감을 매일 쏟아낼 겁니다.

[질문 패턴 글감 만들기]
머리카락에 대해 궁금한 것 질문하기

단어 채집

머리카락

문장 스케치

내 머리카락은 짧고 친구 머리카락은 길다.
머리카락은 잘라도 잘라도 계속 자란다.
왜 머리카락은 길어지기만 하고 뚱뚱해지지 않을까?

글감 만들기

다이어트가 필요 없는 머리카락

질문 패턴 글감 만들기를 자주 연습하면 처음에는 황당한 글도 많이 쓰지만, 결국에는 상상력을 풍부하게 만들 수 있습니다. 질문의 사전적 의미는 '알고자 하는 바를 얻기 위해 물음'이라고 합니다. 그렇다면 글감 만들기에 필요한 물음은 어떤 것일까요? 사실 정답은 없습니다. 어떤 질문이든 그것에 관한 생각이 결국 글쓰기로 변화하기 때문이죠. 다만 글감을 좀 더 쉽게 발견하기 위해 더 구체적으로 질문하는 방법이 무엇일지를 생각해보는 것이 중요합니다.

감정 패턴
글감 만들기

아이뿐만 아니라 성인도 감정을 글감 삼아 글쓰기를 합니다. '오만 가지 감정이 든다'라는 말이 있듯이 감정을 느끼고 표현하는 방법은 셀 수 없이 많습니다. 그런데 아이들에게 감정을 써보라고 하면 대부분 두 가지 표현으로 끝냅니다.

"기분이 좋다!"

"기분이 나쁘다!"

글쓰기 수업에 처음 온 아이들은 대부분 좋고, 나쁘다로 짤막하게 기분을 써냅니다. 하지만 수업이 무르익을 때쯤 아이들의 속마음을 살짝 건드려주면 아이마다 하고 싶은 말이 훨씬 많다는 것을 알게 됩니다. 아이들의 예민한 감정은 수시로 바뀌는 데다 그 이유도 나름 구체적이거든요. 수업이 막 시작됐을 때는 더위에 짜증이 잔뜩 났다가도 선생님의 칭찬 한마디에 금세 기분이 좋아지는 것이 아이들입니다.

만약 아이들이 스스로 자신의 감정에 말을 걸어보면 어떨까요? 어쩌면 수많은 감정 속에서 오만 가지 글감을 발견할 수 있지 않을까요?

감정에서 글감을 찾으면 표현력이 좋아집니다. 다만 아이들은 보이지 않는 감정을 세밀하게 표현하는 데 서투릅니다. 평소 말이나 글로 감정을 적극적으로 표현하지 않기 때문이죠. 아이들의 눈높이에 맞춰 섬세하게 감정에 다가가는 방법을 알려줘야 합니다. 감정을 보고 느낄 수 있다는 말을 아이가 잘 이해하지 못하는 것처럼 보일 때 이렇게 말해주면 금방 눈빛이 달라집니다.

"친구에게 화가 나는 일이 있었어. 그런데 말해주지 않을 때 어떻게 알 수 있을까?"

"친구 표정에 나타나 있어요."

아이들에겐 자신의 감정은 물론이고 다른 사람의 감정을 이해하는 능력이 분명히 있습니다. 이제 감정을 어떻게 글감으로 만들 것인지만 알려주면 됩니다.

구름이 한 생각

구름은 우리 위에 있다. 반대로 구름은 우리가 아래에 있다고 생각하겠지. 구름은 사람들 머리 꼭대기를 보며 무슨 생각을 할까? 하지만 구름은 입이 없어 조용하다. 내가 구름이 되어보면 어떨까? 갑자기 구름인 내가 눈물이 난다. 울음은 그쳤는데도 계속 눈물이 난다. 이제야 알겠다. 이것은 '비'다. 비가 내 눈물로 내리다니 정말 놀랍다. 다시 아래를 내려다본다. 사람들 머리 꼭대기 대신 우산 꼭대기가 보인다. 나는 사람들의 얼굴을 보고 싶다. "위를 봐요!"라고 소리치고 싶다. 어쩐지 외로운 기분이다. 더는 구름이 되고 싶지 않다. 갑자기 포근한 게 나를 받쳐줬다. 나는 버둥거리며 일어났다. 처음, 아니 드디어 내가 땅에 닿았다. 눈을 떠보니 아침이었다. 후유! 꿈이었다. 하지만 아무리 꿈이라도 구름의 생각을 떨쳐낼 수 없다. 나는 밖으로 나가 처음으로 구름이 내 몸을 볼 수 있게 바닥에 누웠다.

초등학교 2학년 세현이가 감정 패턴으로 글감을 만들어 쓴 글입니다. 꿈에서 느꼈던 감정을 떠올리며 글감 만들기를 한 후 '구름이 한 생각'이라는 제목을 지었습니다. 비가 내리는 것을 구름의 눈물이라고 표현한 점이 흥미롭습니다. 게다가 사람들이 자신을 올려다보길 바라는 구름의 외로운 감정까지 유추해 쓴 것이 이 글의 독특함을 더해줍니다.

감정과 나누는 은밀하고 위대한 수다

누구나 감정을 느끼고 있지만 글이나 말로 표현하는 경우는 적습니다. 하지만 감정에서 글감을 채집해보면 수많은 글이 나옵니다. 말을 걸면 걸수록 감정은 더 많은 이야기를 들려주려는 특징이 있습니다. 한마디로 감정은 수다쟁이 같습니다.

아이가 기분이 좋아 보이면 "뭐 때문에 기분이 좋은 것 같아?"라고 물어보며 자연스럽게 이야기를 시작해보세요. 만약 돌아오는 주말에 엄마, 아빠와 놀이동산에 가기로 했다면 그것 때문에 마음이 들떴다고 말할 겁니다. 감정 패턴 글감 만들기는 이렇게 자연스럽게 시작하는 것이 가장 좋습니다.

놀이동산 가기 전의 들뜬 감정에서 글감을 만들 수도 있고, 놀이동산에서 엄마, 아빠와 함께 바이킹을 타며 즐겁게 보낸 기억에 대해서도 쓸 수 있습니다. 어쩌면 이러한 모든 것을 '즐겁다'라는 하나의 표현으로 적을 수도 있습니다. 절대로 다그치지 마시고, 아이가 즐거운 감정을 세밀하게 들여다볼 수 있도록 이끌어주세요. 변화무쌍한 아이의 감정을 글감 재료로 사용하면 다양한 글을 쓸 수 있습니다.

[감정 패턴 글감 만들기]
놀이동산에 대한 느낌 정리하기

단어 채집

설렘, 기쁨, 즐거움

(감정을 나타내는 단어를 적습니다.)

문장 스케치

주말에는 온 가족이 함께할 수 있어서 설렌다.
엄마, 아빠와 놀이동산에서 신나게 놀았다.
바이킹은 무섭지만 재밌다.

(채집한 단어를 보며 떠오른 생각과 경험을 적습니다.)

글감 만들기

언제나 즐거운 놀이동산

(스케치한 문장에 어울리는 제목을 지어줍니다.)

글감 만들기 연습 ③
네 가지 패턴 글감 만들기

패턴 글쓰기로 글감 수업을 하면 놀라운 일이 벌어집니다. 뭘 써야 할지 몰라 머뭇거리던 아이들이 글감 만들기 표를 순식간에 채워넣기 때문입니다. 아직 글감 만들기가 어렵게 느껴진다면 10분이면 충분한 패턴 글쓰기를 활용해 단어 채집부터 시작해 보세요. 그다음부터는 썰매를 타고 미끄러져 내려오듯 떠오르는 문장을 신나게 적기만 하면 됩니다. 관찰, 오감, 질문, 감정 패턴으로 각각 나눠 써도 되고, 동시에 떠올리며 글감을 만들어도 좋습니다.

- 관찰 패턴: 장소를 이동하며 관찰 대상을 찾아봅니다.
- 오감 패턴: 오감으로 표현하고 싶은 것을 찾아봅니다.
- 질문 패턴: 스스로 질문을 던지며 답을 찾아봅니다.
- 감정 패턴 : 현재 느낀 감정의 원인을 찾아봅니다.

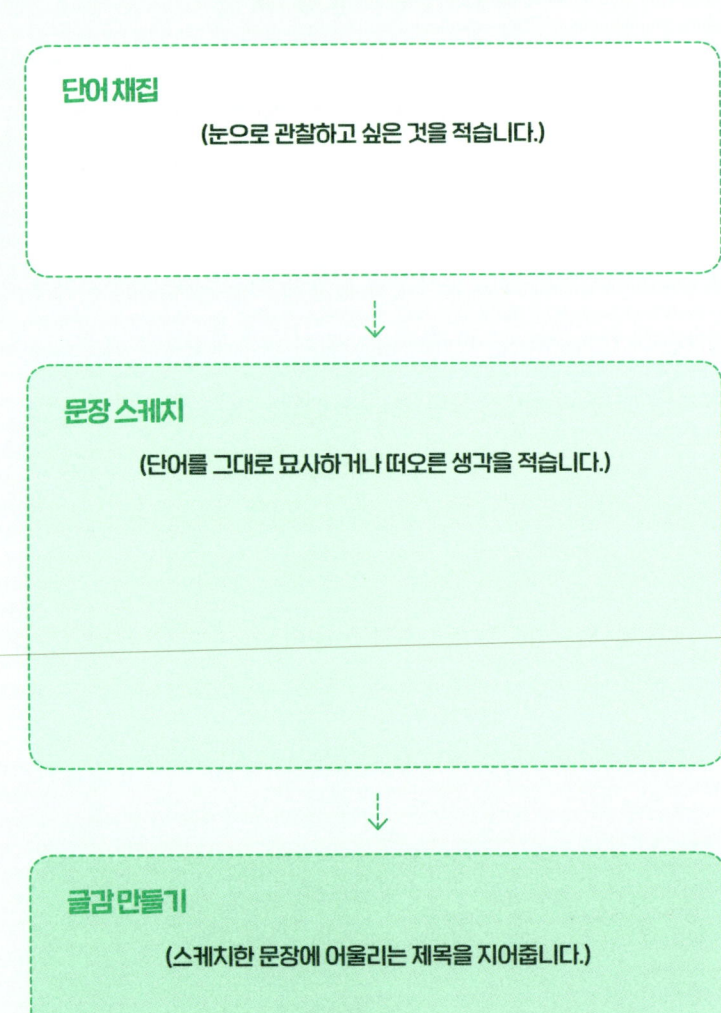

오감 패턴 글감 만들기

단어 채집

(오감으로 살펴보고 싶은 것을 적습니다.)

↓

문장 스케치

(채집한 단어를 오감으로 느끼고 표현합니다.)

↓

글감 만들기

(스케치한 문장에 어울리는 제목을 지어줍니다.)

질문 패턴 글감 만들기

단어 채집
(글로 써보고 싶은 단어를 적습니다.)

문장 스케치
(채집한 단어에 대해 궁금한 점을 질문합니다.)

글감 만들기
(스케치한 문장에 어울리는 제목을 지어줍니다.)

감정 패턴 글감 만들기

단어 채집

(감정을 나타내는 단어를 적습니다.)

↓

문장 스케치

(채집한 단어를 보며 떠오른 생각과 경험을 적습니다.)

글감 만들기

(스케치한 문장에 어울리는 제목을 지어줍니다.)

[초등 글감 수업 4교시]

낯설어서 더 재밌는 창의 글쓰기

산은 무슨 말을 하고 싶을까?

"가장 개인적인 게 가장 창의적인 것이다."

영화 〈기생충〉으로 제92회 아카데미 감독상을 받은 봉준호 감독의 수상 소감입니다. 그 자신이 한 말은 아니고 또 다른 감독상 후보였던 마틴 스코세이지 감독의 말을 인용한 것입니다. 아이들이 쓴 글을 읽을 때 제가 느꼈던 생각과 닮아 있습니다. 아이들에게 저도 비슷한 이야기를 들려주곤 합니다.

"너희 한 명 한 명이 쓴 글은 세상에서 유일한 창조물이야!"

"왜요?"

"생각해봐. 누군가가 너희가 쓴 글을 보고 따라 쓸 수는 있지만 지금 너희 머릿속에 있는 생각은 절대로 흉내 낼 수 없잖아!"

그 아이만의 가장 개인적인 경험에서 시작된 글감은 어디로 튈지 알 수 없습니다. 글감이라는 주인공이 어떤 표정을 지을지 감히 상상할 수 없는 것이죠. 특히 어른들은 생각해보지 못한 낯선 시선으로 쓴 아이들의 글을 보면 더더욱 그렇게 느껴집니다. "와! 어떻게 이런 생각을 했을까?" 감탄이 절로 나올 때가 많습니다.

산이 하고 싶은 말

어느 주말, 두 명의 아이와 함께 단어 채집에 나섰습니다. 글쓰기 교실 근처에 있는 나지막한 산에 갔습니다. 동산이라고 부르는 게 맞을 것 같네요. 아이들이 병아리처럼 종종걸음으로 걸어도 15분 정도면 충분히 오를 수 있는 높이였습니다.

저는 반드시 책상에 앉아 연필을 들고 종이에 쓰는 것만 글쓰기라고 생각하지 않습니다. '뭘 써볼까?'를 생각하며 단어를 채집하고 대화를 나누는 것부터 이미 글쓰기를 시작한 것이라고 생각합니다. 서로 아이디어를 내는 것도 글쓰기의 일부죠. 동산을 오르며 아이들과 이런저런 이야기를 나눴습니다.

"이 산은 이름이 있을까?"

"산이니깐 산 아닐까요?"

"우리가 걷고 있는 산과 길 건너 보이는 산의 이름이 똑같으면 '산아~!' 하고 큰 소리로 부를 때 이 산도 저 산도 모두 대답하겠네?"

"그럼 우리가 이름을 만들어줄까요?"

아이들과 산 이름을 무엇으로 지어줄지, 산에는 누가 살고 있을지 등등 다양한 이야기를 나누면서 글감을 발견해보기로 했습니다.

"저기 까치가 있어요! 나무 위에 청설모가 도망가요!"

"혹시 산이 소리쳐서 청설모가 놀라 달아나고 있는 걸까?"

"에이, 산은 말을 못 하잖아요."

"그럼, 까치하고 청설모에게 말 못 해서 답답한 산을 대신해 우리가 그 마음을 전해주면 어떨까?"

산은 우리 친구

산에 갔다. 산들바람이 처음으로 우리를 맞아줬다. 단풍이 울긋불긋하다. 청설모가 우리를 보고 후다닥 달아난다. 바람이 나무를 움직인다. 나뭇잎이 군데군데 떨어져 있다. 산은 많은 나무를 가져서인지 나뭇잎이 떨어져도 아랑곳하지 않는다. 새들은 산이 나눠주는 열매를 열심히 먹는다. 산은 안 아까워하고 나눠주는 데만 열심이다. 조그만 게미가 달아난다. 나뭇잎 사이로 숨으면 감쪽같네. 산은 조그만 곤충들도 품어준다. 가다 보니 공작 단풍나무가 있다. 씨앗이 부메랑처럼 생겨 바람이 가는 데로 따라간다. 마지막으로 나 스스로 질문한다. '이 정도면 산이 만족했을까?' 만족했을지도 모른다.

저와 함께 산에 올랐던 초등학교 2학년 세현이의 글입니다. 말을 못 하는 산을 대신해 글로 적어보고자 했습니다. 마지막 문장을 적고서는 산의 답답한 마음이 풀렸는지 스스로 자신에게 물어봅니다. 세현이가 쓴 글을 읽으며 저도 모르게 미소가 지어졌습니다. 함께 산에 올랐던 초등학교 3학년 보희도 산을 의인화해 글 한 편을 썼습니다.

항상 행복하고 착한 나의 친구 산에게

착한 산, 내가 걸어가는데도 산은 아무 말을 하지 않아. 청설모가 이리 휙~ 저리 휙~ 정신없이 지나가도 산은 꿈쩍도 하지 않아. 까치가 "난 이 세상에서 제일 빠른 새야"라고 잘난 척해도 산은 아무 말도 하지 않아. 그렇게 아무 말도 하지 않는 산은 입이 없어서 얼마나 답답할까? 맞아, 감옥에서 아무것도 할 수 없이 가만히 앉아 있는 로봇 같겠지.

산은 정말 대단해. 아무 말도 못 하고 답답한데 어떻게 화를 한 번도 내지 않을까? 아, 아니다. 산도 어떨 땐 너~무 화가 나서 폭발한 적도 있어. 그래, 사람이든 산이든 화를 안 내고 어떻게 살아. 그래도 산이 폭발하면 너무 무서워. 산아! 화내지 마. 네가 괴물이 되지 않도록 내가 아기 참새처럼 조심히 지나갈게. 청설모가 지나갈 때면 나무늘보처럼 천천히 지나가라고 말해줄게. 또 까치가 와서 잘난 척을 하면 잘난 척하지 말라고 따끔하게 혼을 내줄게. 그래서 네가 다시는 폭발하지 않게 해줄게. 그러니까 화내거나 폭발하는 나쁜 산이 되지 말고 항상 행복한 착한 산이 되어야 해. 꼭!

낯설게 볼 때 다르게 보인다

산을 의인화해서 바라보기 시작하자 아이들에게 새로운 시선이 생긴 것 같았습니다. 동네 앞에서 까치 네 마리가 시끄럽게 떠들고 있는 것을 보고 아이들이 말했습니다.

"저렇게 시끄럽게 굴면 산이 화를 낼 것 같아요."

"어쩌면 산이 작은 목소리로 말해서 까치들이 듣지 못하는 건 아닐까요?"

아이들의 생각이 매우 기발했습니다. 여러분은 혹시 산이 말을 못 해 답답해한다고 생각해본 적이 있나요? 아이들과 산길을 걸으며 대화를 나누다 보니 생각지도 못한 창의적인 글감들이 쏟아져 나왔습니다.

글쓰기 수업뿐만 아니라 여러 교육 과정에서 창의력이란 단어를 많이 씁니다. 창의력을 높이는 다양한 방법에 대해서도 자세히 설명돼 있죠. 그중에서도 아이들의 창의력을 높이는 데 글감 만들기만큼 좋은 연습이 없습니다. 눈에 보이는 모든 것을 단어로 채집하고, 머릿속에 떠오른 기발하고 엉뚱한 상상을 한 줄 문장으로 연결하면 자연스럽게 창의적인 글감이 완성됩니다.

창의력이라고 해서 너무 거창하고 복잡하게 접근할 필요는 없다고 생각합니다. 평소와는 조금 다른 시선, 세상과 사물을 낯설게 보는 연습을 통해 글감을 발견할 수만 있다면 충분합니다. 낯선 시선으로 글감을 발견하고 한 편의 글쓰기를 하는 동안 아이들은 한 번도 표현한 적 없는 생각을 종이 위에 펼쳐냅니다. 아이 스스로도 자신의 글을 다시 한 번 눈으로 보고는 마음속 깊이 숨어 있던 놀라운 상상력을 발견하게 됩니다.

낯설게 본다는 것은 하늘에서 뚝 떨어지는 능력이 아닙니다. 매일 대상을 다르게 바라보는 연습을 하면서 조금씩 새로운 시선을 쌓아갈수록 아이의 창의력은 성장할 것입니다. 지금부터 일상을 다르게 바라보는 연습을 해보겠습니다.

또 누구에게 말을 걸어볼까?

다르게 보는 것. 말은 쉽지만 막상 시도하려고 하면 결코 쉽지 않다는 걸 깨닫게 됩니다. 첫 문장을 떼기도 어렵죠. 낯설게 본다는 건 도대체 어떻게 본다는 뜻일까요? 심각하게 생각하지 말고, 친구와 장난하듯 재미난 놀이처럼 시작해봅시다.

먼저 아이와 함께 말을 걸어보고 싶은 대상을 찾아봅니다. 처음에는 강아지, 고양이처럼 아이들의 장난에 반응하는 주변 동물로 시작하는 것이 좋습니다. 조금 익숙해지면 아무런 반응을 하지 않는 대상에게 말을 걸어보는 겁니다. 돌멩이도 좋습니다. 자기 표현을 하지 못하는 무생물에게 말을 걸어본다는 상상이 아이들의 창의력을 키우는 데 훨씬 도움이 될 겁니다.

돌멩이로 글감 만들기 표를 완성해볼까요? 단어 채집은 '돌멩이'가 되겠죠. 문장 스케치에는 돌멩이와 대화를 할 수 있다면 자신이 하고 싶은 말을 적어보는 겁니다. "학교 앞에 있는 돌멩이는 꿈쩍도 하지 않는다", "매일 같은 자리에 있으면 심심하지 않니?" 정도가 아닐까 해요. "비가 와도 눈이 와도 꿈쩍하지 않는

[낯설게 보여 글감 만들기]
돌멩이에게 말 걸기

단어 채집

돌멩이

(글로 써보고 싶은 단어를 적습니다.)

문장 스케치

학교 앞에 커다란 돌멩이가 하나 있다.
돌멩이는 비가 오나 눈이 오나 꿈쩍하지 않는다.
매일 같은 자리에 있으면 심심하지 않니?
나라면 어디든 굴러다닐 텐데.
(채집한 단어에게 하고 싶은 말을 적습니다.)

글감 만들기

참을성 많은 돌멩이

(스케치한 문장에 어울리는 제목을 지어줍니다.)

돌멩이. 넌 참을성이 많은가 보다"와 같은 멋진 문장도 쓸 수 있습니다. 처음에는 장난스럽게 시작을 했어도 글감을 찾고 글을 쓰기 시작하면 근사한 문장을 써낼 수 있을 겁니다.

자, 아이와 함께 말을 걸어보고 싶은 대상을 찾아보세요. 연필에게 말을 걸어봐도 좋고, 지우개에게 말을 걸어봐도 좋습니다. 무엇이든 시작해보세요.

햄버거 가게에 가는 물고기

 글감을 만드는 것이 곧 창의적 능력을 키우는 과정입니다. 엉뚱한 상상들이 서로 연결되면서 놀랍고도 근사한 글감으로 이어지기 때문입니다. 무엇보다 글감을 만드는 데 그치는 것이 아니라 글쓰기로 옮겨야 상상력이 더 구체적으로 확대됩니다.
 상상 속에서 토끼를 불러내 글감을 만들어보도록 합시다. 어느 날 토끼가 숲속에서 사라졌습니다. 거북이의 달콤한 말에 속아 거북이 등을 타고 바닷속 용궁으로 떠났기 때문이죠. 하지만 아픈 용왕에게 토끼 간을 바쳐야 한다는 말에 토끼는 간을 집에 두고 왔다는 거짓말로 용궁에서 탈출합니다. 어떤 이야기인지

짐작이 가시나요? 네, 바로 《별주부전》입니다.

동화로 읽을 땐 토끼와 거북이가 말을 하고 바닷속으로 왔다 갔다 하는 것이 이상하지 않았습니다. 현실에선 그런 일이 있을 수 없죠. 어떻게 토끼와 거북이가 대화를 할 수 있겠어요. 거북이는 몰라도 토끼가 바닷속으로 들어가려면 잠수복을 입어야만 할 것 같잖아요. 이때 상상의 나래를 펼치면 무엇이든 가능해집니다.

그런데 우리는 어른이 될수록 점점 상상하는 힘을 잃어버리는 것 같습니다. 그래서 아이들이 부모님에게 말도 안 되는 생각일지언정 신이 나서 이야기하면 쓸데없는 생각 말고 공부나 하라고 야단을 치고 말죠. 생각을 글감으로 만들어보는 경험을 자주 해보지 않으면 아이들의 상상력도 얼마 못 가 힘을 잃게 됩니다. 아이뿐 아니라 어른도 매일 글감을 만들어보고 글을 쓰는 습관을 길러야 하는 이유입니다.

초등 글쓰기는 무조건 논리 정연하고 완성도 있는 글이어야 한다고 생각하는 사람들이 있습니다. 아닙니다. 초등 글쓰기는 무엇보다 즐거워야 합니다. 내 생각이 무엇이든 글이 될 수 있다는 긍정의 경험을 자주 해본 아이는 놀이하듯 즐겁게 글을 씁니다. 자주 쓰다 보면 글쓰기 실력은 좋아집니다. 일단 머릿속에 떠오른 생각을 글로 적어보는 게 중요합니다. 그래야만 더욱 구체적으로 상상할 수 있다는 걸 기억하세요.

물고기와 친구가 될 수 있을까?

글쓰기 수업을 듣는 아이들과 야외 글쓰기를 하러 동네 하천으로 나갔습니다. 여름 햇살이 슬금슬금 더위를 데리고 온 덕분에 아이들과 함께 나무 그늘로 도망갈 준비를 해야 했습니다. 더위를 피해 어슬렁거리며 걷다가 하천을 가로지르는 예쁜 아치형 다리를 만났습니다. 다리 아래로 1학년 아이의 무릎 높이 정도 되는 하천이 찰랑거리며 흐르고 있었습니다. 맑은 물속으로 모래와 돌멩이가 보입니다. 물은 춤추듯 흐르고, 때마침 우리를 기다렸다는 듯 물고기 수십 마리가 꼬리에 꼬리를 물고 줄지어 헤엄을 치며 다리 아래를 지나갑니다. 누가 먼저랄 것 없이 그 광경을 내려다보는데 혼자 보면 아깝다는 생각이 들 정도였습니다.

"와! 저기 물고기가 엄청 많아요."

아이들이 서로 소리쳤습니다. 하나같이 다리 밑을 지나가는 물고기에 집중하고 있었습니다. 글감을 발견하기 위해 나온 것이니 아이들에게 물어봤습니다.

"우리가 물고기가 되어보면 어떤 글을 쓸 수 있을까?"

아이들의 반응을 기다렸습니다. 물고기가 몇 마리인지 그 숫자를 세어보는 아이도 있었고, 물속에서 어떻게 숨을 쉴 수 있을지 궁금해하는 아이도 있었습니다. 그 순간부터 아이들의 상상의 나래가 펼쳐집니다. 평소 같으면 그저 하천에서 물고기가 헤엄치고 있다는 정도로 바라보고 지나칠 수도 있습니다. 그러나 《별주부전》에 나온 것처럼 상상해볼 수도 있죠. 아이들에게 한마디 더했습니다.

"물고기 친구들이 지금 학교에 가고 있을까? 아니면 소풍 가는 중일까?"

"햄버거 사 먹으러 가는 중일 거예요."

"웬 햄버거?"

"제가 지금 햄버거가 먹고 싶거든요."

다소 엉뚱하긴 해도 자신이 먹고 싶은 음식과 상상력을 연결하는 아이의 말에 미소를 지을 수밖에 없었습니다. 헤엄치는 물고기들 속에서 글감을 발견하는 기회를 놓치지 않으려고 다시 한번 아이들에게 말했습니다.

"우리가 저 물고기 중 한 마리가 된다면 어떤 글감을 만들 수 있을까?"

여러분도 아이들과 함께 물고기를 글감으로 글감 만들기 표를 채워보세요.

[낯설게 보여 글감 만들기]
내가 너라면?

단어 채집

물고기

(글로 써보고 싶은 단어를 적습니다.)

문장 스케치

물고기들이 꼬리에 꼬리를 물고 헤엄친다.
물고기는 어디로 가는 걸까?
나는 햄버거를 좋아하는데 물고기도 먹고 싶을까?
물속에서 햄버거를 판다면 그곳은 어떤 모습일까?

(채집한 단어가 된 상상을 하며 생각을 적습니다.)

글감 만들기

햄버거 사러 가는 물고기

(스케치한 문장에 어울리는 제목을 지어줍니다.)

물고기와 햄버거라니, 정말 기발합니다. 아이가 글감 만드는 것만 보아도 재미날 것 같아요. 무작정 책을 많이 읽고, 오래 생각하고, 여행을 자주 다녀야만 상상력이 좋아지는 것은 아닐 겁니다. 생각의 범위를 제한하지 않고, 스스로 글감을 발견하고, 그것을 글로 써볼 때 아이의 상상은 더욱 커질 수 있습니다. 물고기와 이야기를 나누고, 나아가 자신이 물고기가 된다면 어떨지 상상해보는 아이의 시도를 격려해주세요. 이런 글감을 가지고 글쓰기 여행을 떠난다면 매순간이 낯선 것을 만나는 시간으로 채워질 겁니다.

빗방울에게 어떤 이름을 불러줄까?

비 오는 날 글쓰기 수업을 할 때였습니다. 창밖에선 '톡! 톡! 톡!' 비가 내리고 있었습니다. 빗방울이 나뭇잎 위로 수없이 떨어집니다. 벤치에도 떨어집니다. 창문에도 부딪치며 떨어집니다. 창문을 살짝 열고 아이들에게 손을 내밀어보라고 했습니다. 빗방울이 아이들의 손바닥에도 '톡! 톡! 톡!' 떨어집니다. 아이들이 상상의 나래를 펼 수 있도록 살짝 건드려주는 말을 건넸습니다.
"하늘에서 큰 샤워기를 틀었나 보네!"

그러자 아이들이 앞다퉈 말합니다.

"비가 내리면 나뭇잎이 움직여요. 둘이 무슨 이야기를 하는지 궁금해요."

한 아이가 맞장구를 쳐줬습니다.

"간지럼을 타서 흔들리는 것이 아닐까?"

아이들이 주고받는 대화를 들으며 '요 녀석들 봐라!' 하고 속으로 쾌재를 불렀습니다. 그러고는 빗방울이 아이들에게 또 다른 상상을 맘껏 불러오도록 한동안 지켜봤습니다.

> 수많은 빗방울이 하늘에서 내려와 나뭇잎과 말하고 내 손에도 말한다. 무어라 말하며 친구가 되고 싶어하는 것 같다. 그런데 이 많은 빗방울 친구들에게 이름을 지어주려면 어떻게 해야 할지 고민이 된다.

빗방울을 바라보며 상상의 나래를 펼치던 초등학교 3학년 보희의 글 중 일부입니다. 보희가 글을 발표하자 옆에서 듣고 있던 아이들도 어떤 이름을 지어줄지 고민합니다. 보희의 부모님은 놀랐습니다. 자기 아이가 이런 생각을 할 수 있을 거라고 상상하지 못했기 때문이죠. 심지어 아이가 너무도 아무렇지 않게 글을 적었으니까요.

창밖으로 떨어지는 빗방울을 바라보며 글감을 완성한 보희의 상상력을 한번 따라가볼까요? 글감 만들기 표를 채워봅시다.

보희는 빗방울이 떨어지는 평범한 일상을 보통 때와 다르게 바라보기로 합니다. 하필 자신의 손등 위로 빗방울이 떨어진 이유가 있을 테니까요. 말을 하지 못하는 빗방울이 자신에게 인사를 건넨 거라고 생각하자 상상이 꼬리에 꼬리를 물고 이어집니다.

나와 친구가 되고 싶어하는 빗방울에게 어떤 이름을 지어주면 좋을까요? 낯설게 바라보며 만든 글감에 아이들의 기발한 상상력이 더해지면 그 글은 어디로 향할지 모릅니다. 세상에서 유일한 창의적인 글은 글감을 만드는 아이들 손에 달렸습니다.

다시 말하지만 초등 글쓰기는 맞춤법을 지키고, 띄어쓰기를 잘해야 하는 문제가 아닙니다. 글쓰기 형식과 틀에 관한 문제는 더더욱 아닙니다. 무엇을 쓸 수 있는지에 관한 문제, 즉 글감을 발견하는 방법에 관한 문제입니다. 똑같은 일상도 낯설게 바라보며 자신만의 글감을 발견할 수 있도록 아이의 상상력을 건드려주세요.

[낯설게 보여 글감 만들기]
너의 이름을 불러줄게

단어 채집

빗방울

(글로 써보고 싶은 단어를 적습니다.)

문장 스케치

내 손에 톡톡톡 빗방울이 인사한다.
빗방울도 나랑 친구가 되고 싶은 걸까?
수많은 빗방울들은 각자 이름이 있을까?
어떤 이름으로 불러주면 좋아할까?

(채집한 단어의 이름을 떠올리며 생각을 적습니다.)

글감 만들기

빗방울의 이름

(스케치한 문장에 어울리는 제목을 지어줍니다.)

핑크 대왕의 안경

 어떤 대상을 낯설게 바라보며 글감을 발견하는 것은 일상생활과 동떨어진 활동이 아닙니다. 매일 보고 듣고 생각하는 것으로부터 시작할 수 있습니다. 아이들에게 핑크 대왕의 안경만 있다면요. 웬 안경이냐고요? 서울대 심리학과 최인철 교수가 쓴 《프레임》을 보면 핑크 대왕에 관한 이야기가 등장합니다.

 핑크를 세상에서 제일 좋아하는 퍼시라는 왕이 있었습니다. 왕은 온 나라를 핑크색으로 꾸몄죠. 그런데 왕에겐 한 가지 고민이 있었습니다. 고개를 들어 바라보는 하늘만은 핑크색으로 바꿀 수 없었던 것입니다. 왕은 사람들을 불러들여 하늘을 핑크색으로 만들 방법을 찾았지만, 누구도 해결책을 제시하지 못했습니다. 그때 왕의 스승이 찾아와 고민을 간단하게 해결해줬습니다. 핑크색 안경을 끼고 하늘을 보라고 한 것이었습니다. 왕은 스승의 말을 듣고는 핑크색 안경을 끼고 하늘을 바라봤습니다. 그러자 놀라운 일이 벌어졌습니다. 하늘이 온통 핑크색으로 물들어 보였던 겁니다.

우리 아이들에게도 주변의 사물을 다르게 볼 수 있는 핑크 대왕의 안경이 필요합니다. 낯설게 보면 글감이 쏟아진다고 하지만 막상 주위를 둘러봐도 글감을 발견하지 못할 때가 더 많기 때문입니다. 아이들의 글쓰기에 관심이 많은 부모님과 선생님도 마찬가지입니다.

"독서보다 글쓰기를 가르치는 게 더 힘들어요."

글쓰기 수업에 참여한 한 부모님의 하소연을 들은 적이 있습니다. 책을 읽고 내용을 요약해 이야기하는 것은 그리 어렵지 않거든요. 밑줄 친 문장을 독서 노트에 따라 써볼 수도 있고요. 하지만 글쓰기는 책처럼 손에 쥘 수도 없습니다. 아무것도 적혀 있지 않은 백지에 자신의 생각을 꺼내 써야 합니다. 독서와 글쓰기의 가장 큰 차이점이기도 하죠. 독서는 누군가 써놓은 문장을 읽기만 하면 되지만 글쓰기는 빈 종이에 자신의 생각을 문장으로 적어야 합니다. 그만큼 글쓰기의 시작이 어렵다는 말입니다.

글쓰기도 시작이 반이다

아이들에게 글쓰기를 어떻게 가르쳐야 할지 고민하는 부모님에게 저는 이렇게 대답을 해줍니다.

"글감 만들기는 가르치는 게 아니라 느끼게 해줘야 합니다."

그러면 부모님들은 제 말에 무슨 소리인지 모르겠다는 표정을 짓습니다. 부모님들은 아이들이 학교에서 설명하는 글쓰기나 자기 주장을 적는 글쓰기는 둘째치고 일기를 쓰는 것도 힘들어 한다고 고민을 털어놓습니다. 도대체 어떻게 가르쳐야 할지 모르겠다고 말이죠.

"그럼 아이 글을 대신 써주실 건가요?"

"그럴 수는 없죠."

맞습니다. 아이를 대신해 글을 써줄 순 없습니다. 그렇다면 접근 방법을 바꿔보면 어떨까요. 형식과 틀에 맞춰 쓰는 것에서 과감히 벗어나 아이가 쓸 수 있는 방법을 찾아야 합니다. 아이 스스로 글을 쓸 수 있게 만드는 것도 조금만 생각을 바꾸면 아주 간단하게 해결됩니다. 아이가 어려워하면 옆구리를 살짝 찔러서 움찔하게만 만들면 됩니다. 이렇게 출발점을 바꾸면 글쓰기를 가르칠 것이 아니라 '어떻게 하면 글감을 느끼게 할 수 있지?'라는 생각을 할 수 있습니다.

'어떻게 하면 글감을 발견할 수 있을까?'로 접근하면 초등 글쓰기 고민의 절반은 해결됩니다. 아이가 글쓰기를 잘하지 못하는 이유는 글감을 만들지 못해서일 뿐입니다. 정말로 글을 쓰지 못하기 때문이 아닙니다.

한번 생각해보세요. 쓸거리만 있다면 더 잘 쓰고 싶은 욕심은 글을 쓰면서 대부분 해결할 수 있습니다. 하지만 쓸거리를 만들지 못하면 아이는 글쓰기를 시작하지 못하고 멍하니 앉아 있을 수밖에 없습니다. 아이가 글을 쓰지 못한다고 혼낼 것이 아니라 글감을 발견할 수 있도록 살짝 건드려주려면 어떻게 해야 하는지를 함께 고민해야 합니다. 그것이 바로 이 책을 관통하는 주제인 '글감 만들기'의 목적이기도 합니다.

보는 눈이 달라지는 마법의 안경

글쓰기라는 숙제가 눈앞에 주어진 아이에게는 핑크 대왕의 안경이 필요합니다. 평소 자신에게 익숙한 것들을 맘껏 다르게 볼 수 있는 능력을 만들어줘야 합니다. 핑크빛 안경을 쓰고 하늘을 바라보듯이 주위를 색다르게 둘러보도록 이끌어줘야 합니다. 매일 색다른 안경을 쓰고 바라보는 연습을 해보면 글감 만들기가 훨씬 수월해질 겁니다.

그런데 안경을 쓰는 데도 요령이 필요합니다. 아무 준비 없이 그저 낯설게 보는 것만 생각하고 주위를 둘러보면 새로운 것이 보일까요? 마음껏 상상하는 것이 그리 쉬울까요? 그렇지 않습니다. 낯설게 보는 것도, 상상하는 것도 기술이 필요합니다.

우선 자유롭게 쓰는 것을 자주 경험해봐야 합니다. 저는 가끔 아이들에게 하고 싶은 이야기가 있다면 종이에 적어서 비행기를 접어 날려보라고 합니다. 어떤 내용이든 상관없습니다. 꿈을 적어도 좋고, 먹고 싶은 음식을 써도 좋습니다. 심지어 문장이 아닌 단어 하나만 써도 상관없습니다. 무엇이든 자유롭게 써보는 것을 아이들이 경험하는 것이 목적이기에 그렇습니다. 이렇게 글쓰기를 놀이처럼 하다가 본격적으로 글쓰기 수업에 들어가도 종이비행기에 적는 것처럼 써도 된다고 말해줍니다. 그럼 아이들은 누군가로부터 강요받거나 평가받는 데서 벗어나 한껏 자유롭게 글감을 찾고 적을 수 있는 상태가 됩니다.

이때 안경을 쓰고 낯설게 바라보는 기술을 활용하면 아이들의 창의적 능력은 점진적으로 향상됩니다. 참신하고 기발한 글감을 발견할 수 있도록 약간의 요령을 알려주는 것이죠. 아이 스스로 어떤 안경을 쓸 것인지를 생각해보게 만드는 것입니다.

먼저 눈앞에 무지개 색깔별로 여러 개의 안경이 놓여 있다고 상상하도록 아이에게 일러줍니다. 그리고 무엇을 고를지 생각해 보게 합니다. 각각의 안경은 세상을 다르게 보는 방식을 상징하고 있습니다. 예를 들어 아이가 세상에 있는 모든 것을 거꾸로 보여주는 안경을 골랐다고 생각해봅시다.

  거꾸로 보이는 안경을 쓰고 아이와 함께 글감을 찾아 나섭니다. 사람들이 물구나무를 서서 걷는 세상이 보입니다. 그 풍경을 본 아이는 자신도 거꾸로 걸으려면 손에 장갑을 껴야 하는지, 손에 맞는 신발을 만들어야 하는지 등등 낯설고 즐거운 상상을 시작하게 됩니다. 또 주변 풍경들도 거꾸로 보일 겁니다. 나무뿌리가 하늘을 향해 일광욕을 즐기는 것처럼 보이기도 하고, 비가 아래에서 위로 올라가는 것처럼 보이기도 합니다. 이런 상상력을 통해 아이가 어떤 글감을 발견하고 글로 연결할지 궁금해집니다.

[낯설게 보여 글감 만들기]
거꾸로 보이는 안경을 써볼까?

단어채집

사람, 산책

(글로 써보고 싶은 단어를 적습니다.)

문장 스케치

사람들이 공원을 걷는다.
만약에 사람들이 물구나무를 서서 걷는다면?
손에 장갑을 껴야 손이 안 아플 것 같다.
그럼 신발이 없어도 괜찮지 않을까?

(상상한 대로 자유롭게 표현하고 생각을 적습니다.)

글감 만들기

신발이 필요 없는 세상

(스케치한 문장에 어울리는 제목을 지어줍니다.)

이렇게 색다른 시선으로 세상을 바라보며 글감 만들기를 할 때는 아이들 앞에 무엇이든 가능한 안경이 놓여 있다는 것만 알려주면 됩니다. 그러면 아이는 마음에 드는 안경을 골라 자신만의 시선으로 글감을 찾아내고 글로 연결할 겁니다. 아이는 이러한 과정만으로도 남들과 다르게 보는 관점을 만들어갑니다.

　만약 강아지가 짖는 것을 알아들을 수 있는 능력을 갖게 된다면 어떨까요? 게임 하느라 공부는 뒷전으로 미룬 걸 엄마에게 고자질할까 걱정된다는 내용의 글감을 만들 수 있겠죠. 곰이 하늘을 날아다닌다면 어떨까요? 어느 날 갑자기 내가 어른이 된다면요? 물고기가 땅 위를 걸어 다닌다면 어떨까요? 글감 만들기 표에 써보면서 글감을 만들어보세요. 스스로 떠오른 것이 있다면 무엇이든 써보세요.

익숙한 것에 감탄사를 던져보자

"우와! 멋지다."
"오! 신기하다."
"아! 대단해."

감탄사를 연발하며 낯선 글감을 찾아 나서보는 것도 좋습니다. 이 방법은 의외로 아이들이 익숙한 것에서 낯선 것을 발견하도록 도와줍니다. 예를 들면 산을 바라보며 "우와! 멋지다"라는 말을 먼저 던집니다. 그러면 아이들은 너도 나도 산의 어떤 점이 멋진지를 찾아보고 이야기를 나눕니다. "산에 오르는 사람도, 동물도 참 많은데 산은 한 번도 화를 내지 않아"라고 말하며 화내지 않는 산에 관한 글감을 만들 수 있습니다. 헤엄치는 물고기를 보며 "오! 신기하다"라는 감탄사를 던지면 물고기와 물속에서 친구가 되는 상상을 하며 글감을 만들 수도 있습니다. 무엇이 멋지고, 신기하고, 대단한 것인지 몰라도 괜찮습니다. 일단 무조건 감탄사를 앞세우는 것입니다.

한번은 글쓰기 수업을 듣는 아이들과 함께 길을 걸으며 글감 사냥에 나선 적이 있습니다. 마침 참새들이 짹짹거리며 나뭇가지에서 놀고 있었습니다.

"와! 참새들이 무슨 이야기를 저렇게 재미나게 하고 있을까?"

한 아이가 말했습니다. 그리고 참새들이 말을 한다는 상상을 토대로 글감을 만들어 한 편의 글을 썼습니다.

참새는 수다쟁이

손을 뻗으면 닿을 만한 높이의 나뭇가지에 참새들이 모여 있다. '짹짹짹!' 서로 무슨 이야기를 하는지 계속 소리 내어 운다. 참새가 하는 말을 알아들을 수 있으면 얼마나 좋을까? 가만히 쳐다보고 있는데도 계속 '짹짹짹!' 수다를 떤다.
"참새야! 무슨 이야기를 나누는 거니? 나도 친구들과 이야기하는 걸 좋아해. 우린 떡볶이 먹으며 이야기할 때 신나는데 너희들은 어떤 이야기를 좋아하니?"

'짹짹짹!' 참새가 하는 소리를 알 수 있으면 좋겠다.

즉흥적으로 글감을 만들었지만, 참새가 무슨 소리를 하는지 궁금해하는 아이의 글이 무척 재미있습니다. 참새들이 서로 재잘거리는 모습을 보고 무언가를 이야기하는 것처럼 느낀 것입니다. 어쩌면 참새도 사람들의 말을 못 알아들어 답답하겠죠.

감탄사를 던지고 글감을 찾다 보면 의외로 재미난 글감을 많이 발견하게 됩니다. 참새와 이야기를 해보고 싶었던 아이는 이제 시선만 돌리면 더 많은 것들을 낯설게 볼 수 있습니다. 참새가 아니라 이제는 비둘기와도 연결될 수 있습니다. 새뿐만 아니라 나무와도 꽃과도 이야기하는 글감을 만들어낼 수 있죠. 심지어 눈에 보이지 않는 바람에도 아이들은 시선을 돌리곤 합니다.

낯설게 본다는 것은 다르게 보려 한다는 말과 같은 의미입니다. 늘 곁에 있어서 익숙하고 대수롭지 않게 여겼던 것들에 감탄사를 던지면 낯선 시선을 갖도록 만들어줍니다. 순간적으로 글감을 포착하게 해주는 효과가 있죠.

글쓰기와 관련된 기술들은 미루지 말고 지금 당장 적용해봐야 합니다. 무엇이든 처음에는 서투르지만 '오래 하면 실력이 된다'라는 말처럼 자주 반복해보면 실력이 쌓이게 돼 있습니다. 잘 할 때까지 준비하고서 적용하려고 하면 스스로 걸림돌을 만드는 것과 다를 바 없습니다. 그러면 점점 흥미를 잃게 되고 시들해지기 마련입니다. 말로 설명하면 막연할 수 있으니 낯설게 보기를 간단하게 연습할 수 있는 두 가지 방법을 알아보겠습니다.

1. 감탄사를 남발한다

집에 있는 선인장을 보고 "선인장이네!" 하는 것은 익숙한 시선으로 본 것에 지나지 않습니다. 낯설고, 생소하게 바라볼 줄 알아야 숨어 있는 글감을 발견할 수 있습니다. 특별한 공식이 있는 건 아니지만 "와! 선인장이네!", "오! 선인장 가시가 신기한데?" 하고 조금은 유난스럽게 불러봐도 좋습니다. 이렇게 감탄하는 동안 선인장과 연결된 글감이 불쑥 떠올랐다면 그것으로 글쓰기를 해보면 됩니다.

그런데 감탄사를 던지며 낯설게 바라보기를 실행해도 글감을 발견하지 못하면 어떻게 하냐고요? 그 자체로도 이미 짧은 글쓰기라고 생각한다면 어떨까요? 평소와 다르게 표현해보는 것만으로도 재미있잖아요. 글감은 불쑥 떠오르기도 하지만, 다양한 방식으로 찾아낼 때 더 쉽게 떠오르기 마련입니다.

글감 만들기를 연습하는 최고의 방법은 무엇보다 직접 해보는 것입니다. 쉬는 시간에 낙서를 하듯이 연습해도 좋으니 아이와 함께 낯설게 보기를 한번 시작해보세요.

[낯설게 보며 글감 만들기]
선인장에게 감탄하기

단어 채집

선인장

(글로 써보고 싶은 단어를 적습니다.)

↓

문장 스케치

와, 선인장이다!

오! 선인장 가시가 생각보다 훨씬 뾰족한데?

가시가 벼락을 맞은 것처럼 삐쭉삐쭉하다.

(감탄사를 던져보고 떠오른 생각을 적습니다.)

↓

글감 만들기

만지면 찌릿찌릿한 선인장

(스케치한 문장에 어울리는 제목을 지어줍니다.)

먼저 주변을 둘러보세요. 익숙한 것이 낯설게 보이도록 말을 걸어보세요. 그리고 "우와! 멋지다!"라고 감탄해보세요. 감탄사가 쉽게 입에서 떨어지지 않는다면 그건 분명 어색해서 그런 것입니다. 하나도 어렵지 않은 방법입니다. 눈에 보이는 것도, 보이지 않는 것도 일단 감탄해보세요.

깜깜한 밤하늘에 반짝이는 별을 본다고 생각해볼까요? "오~ 아름답다!" 이렇게 감탄을 하며 무엇을 글감으로 연결할 수 있는지 이야기해보세요. 밤하늘에 보이는 것이 별뿐이겠어요? 달도 있죠. 까만 어둠 속에서 별에게, 또 달에게 말을 걸어보는 겁니다. 아이와 함께 감탄사를 던지며 익숙한 것들과 낯선 대화를 시도해보세요. 글감 만들기 실력이 날로 향상될 것입니다.

2. 말을 건다

이번엔 손에 쥔 연필에게 말을 걸어볼까요?

"연필아! 오늘은 어떤 글을 쓸까?"

이렇게 연필과 대화를 시도해보는 것 자체가 재미있습니다. 낯설게 보기를 할 때는 사람뿐만 아니라 새와 나무, 심지어 풀에도 말을 걸어볼 수 있습니다. 글쓰기 수업에서도 아이들에게 낯선 것에 말을 걸어보라고 합니다. 당연히 돌멩이에게도 말을 걸어볼 수 있겠죠.

[낯설게 보여 글감 만들기]
연필과 대화하기

단어 채집

연필

(글로 써보고 싶은 단어를 적습니다.)

문장 스케치

연필아 안녕?
오늘은 무슨 글을 써볼까?
까만색으로 대답해봐!

(채집한 단어에게 하고 싶은 말을 적습니다.)

글감 만들기

검정 단발머리를 한 몽당연필

(스케치한 문장에 어울리는 제목을 지어줍니다.)

한 아이가 무엇을 쓸지 고민을 하다가 연필과 장난스럽게 대화를 하기 시작했습니다. 그리고 글감 만들기 표에 연필과 대화한 내용을 채워넣었습니다. 검정 단발머리를 한 몽당연필이라니, 저도 이런 생각은 해보지 못했습니다. 아이가 연필과 대화하는 모습을 상상하니 귀엽기도 하고 피식 웃음이 나기도 합니다. 분명 이 아이는 연필 말고도 다른 대상들 속에 숨어 있는 자신만의 글감을 만날 거라 믿습니다.

창의력을 키우는
초등 글감 수업

창의력은 글감 만들기 실력에 비례합니다. 글감을 만드는 과정에서 다양하게 생각하는 능력이 향상되기 때문이죠. 대개 창의력을 높이려면 책을 많이 읽어야 한다고 말합니다. 저는 독서보다 글쓰기가 창의력을 키우기 위한 최고의 연습 방법이라고 생각합니다. 독서가 중요하지 않다는 말이 아닙니다. 굳이 분류하자면 독서는 습득 영역의 비중이 높은 반면 글쓰기는 해석 영역의 비중이 높습니다. 초등 시기에는 책을 읽음으로써 꺼내 쓸 수 있는 여러 지식을 습득해둘 필요도 있지만, 무엇보다 지식을 자기만의 생각으로 소화해 글로 표현할 수 있어야 합니다.

글쓰기 천 리 길도 한 걸음부터

아이에게 짜임새 있는 글쓰기를 지나치게 강요하는 부모님을 언젠가 만난 적이 있습니다. 그분은 어떤 글을 쓰든 자신이 쓰고자 하는 내용을 한 줄로 적어야 문장의 전개가 탄탄해진다고 믿고 있었습니다. 처음에는 무슨 말인지 이해가 되지 않았는데 몇 마디 더 물어보고 나서야 개요 짜기를 말하는 것이라는 걸 깨달았습니다. 그런데 글쓰기 수업 때 살펴보니 정작 아이는 글감이 없어서 글쓰기를 못하고 있었습니다. 글쓰기 재료가 준비되지 않은 상태에서 글의 구조를 만들지 못하는 것은 당연합니다.

글쓰기의 순서는 개요 짜기보다 글감 만들기가 우선입니다. 공식에 대입하듯 문장을 펼치는 것보다 글감 만들기에 익숙해지고 재미난 글도 충분히 써보고 나서 개요를 만드는 것이 좋습니다. 개요 짜기는 글의 흐름을 한눈에 볼 수 있도록 간단하게 스케치해보는 사전 작업입니다. 아이가 글쓰기에 재미를 붙이기도 전에, 그러니까 글감 만들기에 익숙해지기도 전에 개요부터 강요하는 것은 순서상 좋은 선택이 아니라고 생각합니다. 비유하자면 토끼가 어디 숨어 있는지도 모르고 잡겠다는 말과 같습니다.

그보다는 아이가 낯선 시선으로 글감을 발견하는 데 더 집중하는 게 좋습니다. 아이의 머릿속 생각을 손끝으로 꺼내는 연습이 먼저입니다. 글의 형식과 개요를 강요하는 것은 글쓰기 습관을 이제 막 들이려는 아이를 정해진 틀에 억지로 가두는 꼴이 될 수 있습니다. 아이가 자유롭게 글감을 발견하도록 다양한 발상을 시도하는 것이 먼저입니다.

창의력은 곧 낯설게 보는 힘

"어떻게 하면 글감을 발견해서 글쓰기를 시작할 수 있을까?"

모두가 이 출발선에서 글쓰기를 시작해야 합니다. 누구나 글감 만들기를 자주 하면 할수록 글쓰기 실력이 향상됩니다.

아이가 다르게 생각할 줄 안다는 것은 창의력이 있다는 말입니다. 거창하게 접근할 필요는 없습니다. 글감 만드는 능력을 키우면 글쓰기 실력도 늘고, 창의력도 쑥쑥 자랍니다. 그렇다면 창의적인 것은 무엇일까요? 바로 낯설게 보는 것입니다. 아이 스스로 그동안 자신이 세상을 바라보던 방식에서 벗어나 다르게 보는 법을 연습할 때 창의력이 생깁니다. 그 연습을 위한 최고의 도구가 바로 글감입니다. 글쓰기 수업을 듣는 아이들과 '샤워'라는 단어를 가지고 글감을 찾아보기로 했습니다.

"샤워를 집 말고 다른 곳에서도 할 수 있을까?"

"목욕탕이요."

"건물 밖에서도 할 수 있을까?"

"야외 수영장이요."

"샤워기 없이 샤워할 수 있을까?"

"비요."

하늘이 큰 샤워기가 되고 비가 샤워기에서 나오는 물이라는 상상력에 놀랐습니다. 아이들이 거꾸로 저를 가르치기 시작합니다.

"그럼 물이 아닌 다른 것으로도 샤워할 수 있을까?"

"햇살 샤워!"

아이들은 큰 나무 아래에서 하늘을 올려다보면 수많은 나뭇잎 사이로 갈라진 햇살을 볼 수 있다고 제게 알려줬습니다. 눈이 부시지도 않으면서 마치 샤워기에서 쏟아져내리는 물처럼 햇살이 쏟아진다고 말이죠. 이렇게 아이들은 이미 알고 있던 샤워라는 단어에서 낯선 것을 보는 법을 배웁니다. 그리고 자신들이 발견한 새로운 글감을 이야기하며 즐거워합니다. 또 다른 글감을 찾아 이리저리 마구 뛰어다니죠. 이제는 오히려 제게 따라오지 않는다고 소리칩니다. 샤워라는 단어에서 찾은 글감들로 글감 만들기 표를 채워보겠습니다.

낯설게 보며 글감 만들기

단어 채집

샤워

문장 스케치

꼭 집에서만 샤워해야 할까?
건물 밖에서도 샤워할 수 있을까?
하늘에서 햇살이 나뭇잎 사이로 떨어진다.
햇살로 샤워하면 어떤 기분일까?

글감 만들기

하늘 샤워기

하늘 샤워기는 도대체 얼마나 클지, 아이들은 어떤 글을 써 내려갈지 상상하니 여간 궁금한 것이 아닙니다. 이번 단어 채집은 아이들과 이야기하며 나온 단어를 적어본 것이었습니다. 글감 만들기는 순서가 따로 정해져 있지 않습니다. 서로 대화를 하다 순간적으로 제목이 떠오를 때도 많습니다.

"비가 내리는 것도 혹시 하늘에서 큰 샤워기를 틀어서 내리는 것이 아닐까?"

제가 맞장구를 쳐줬더니 아이들은 갑자기 쓰고 싶은 게 떠올랐다면서 제목을 말합니다.

"비가 내리면 꽃이 머리를 감아요!"

"빗물에 머리를 감는 꽃."

"와, 근사하다."

단어를 생각하다 글감이 만들어지기도 하고, 장난삼아 문장으로 만들어보다가 제목이 떠오를 때도 있습니다. 글쓰기를 할 때 순서에 너무 연연할 필요는 없습니다. 다만, 처음부터 구체적으로 생각하기 힘들기 때문에 단어 채집, 문장 스케치, 글감 만들기의 순서로 설명한 것입니다. 아이들과의 대화에서 발견한 글감으로 글감 만들기 표를 채워보겠습니다.

낯설게 보여 글감 만들기

단어 채집

샤워, 하늘, 비

↓

문장 스케치

샤워기에서 쏴쏴 물이 나온다.
와, 하늘에서는 비가 내린다!
하늘에도 샤워기가 있는 걸까?
꽃은 샤워하는 걸 좋아할까 싫어할까?

↓

글감 만들기

빗물에 머리를 감는 꽃

낯설게 보면 글감은 수없이 많습니다. 아이들이 쓸 게 너무 많아 고민하는 것을 본 적이 있나요? 대부분 없을 겁니다. 어떻게 접근하느냐에 따라 초등 글쓰기는 충분히 달라질 수 있습니다. 무엇보다 형식에 따른 문장 쓰기부터 접근하지 않았으면 좋겠습니다. 또 아이들이 쓴 글을 평가하느라 아이의 귀한 상상력을 억압하지 않았으면 좋겠습니다. 글감 만들기 기술이 다양해질수록 글은 많이 쓰게 돼 있습니다. 글을 많이 써본 아이는 개요 짜기도 잘할 수밖에 없습니다. 초등 글쓰기도 좀 더 넓은 시야로 바라봐야 합니다. 글쓰기는 단편적인 기교가 아닌 창작 활동입니다.

글감 만들기 연습 ④
낯설게 보기

익숙한 것을 낯설게 보는 연습을 할 때는 상상하는 대로 보이는 마법의 안경이 필요합니다. 마법의 안경을 쓰면 실제로 보이는 것과 완전히 다른 세상이 펼쳐집니다.

큰 것은 작게, 작은 것은 크게 보이는 안경을 써볼까요? 지구가 손바닥에 올려놓을 수 있을 만큼 작아지기도 하고, 아이가 지구보다 큰 거인이 되기도 합니다. 장미꽃이 집보다 더 커지거나 개미가 공룡보다 더 커집니다. 반대로 공룡이 강아지만큼 작아질 수도 있겠죠. 신발이 바다에 떠다니는 배보다 크면 어떻게 될까요?

큰 것은 작아지고, 작은 것은 엄청난 크기로 변하는 안경을 써보세요. 무엇이든 거꾸로 보이는 안경도 써보세요. 상상의 나래를 활짝 펴고 나만의 글감을 발견해보세요.

큰 것을 작게 보여 글감 만들기

단어 채집
(공룡처럼 몸집이 큰 단어를 적습니다.)

↓

문장 스케치
(공룡이 개미처럼 작아지는 상상을 글로 표현합니다.)

↓

글감 만들기
(스케치한 문장에 어울리는 제목을 지어줍니다.)

작은 것을 크게 보여 글감 만들기

단어 채집
(개미처럼 몸집이 작은 단어를 적습니다.)

↓

문장 스케치
(개미가 공룡처럼 커지는 상상을 글로 표현합니다.)

↓

글감 만들기
(스케치한 문장에 어울리는 제목을 지어줍니다.)

거꾸로 보여 글감 만들기

단어 채집

(글로 써보고 싶은 단어를 적습니다.)

↓

문장 스케치

(채집한 단어가 거꾸로 보이는 상상을 글로 표현합니다.)

↓

글감 만들기

(스케치한 문장에 어울리는 제목을 지어줍니다.)

[초등 글감 수업 5교시]

긴 글도 두렵지 않은 주제 글쓰기

글 속에
글감이 숨어 있다!

아이들과 글쓰기 수업을 할 때 매번 깨닫는 게 있습니다. 글감 만드는 실력이 좋아질수록 아이들이 글쓰기에 흥미를 더 느낀다는 사실입니다. 당연한 말 같지만 아이들과 글쓰기 수업을 하면 피부로 와닿습니다. 곧잘 글을 쓰던 아이도 글감이 떠오르지 않으면 연필을 쥔 채 꼼짝하지 못합니다. 반면 글쓰기를 많이 해보지 않았고, 재미를 느끼지 못한 아이라도 쓰고 싶은 게 떠오르면 시간 가는 줄 모르고 글쓰기를 합니다. 심지어 옆에서 말을 걸어도 못 들을 만큼 글쓰기에 집중합니다. 독서삼매에 젖은 것과 비슷해 보일 정도입니다. 원래 '삼매(三昧)'란 불교 용어인데, 어떤 대상에만 마음을 집중하는 것을 뜻합니다. 즉, 독서삼매란 온 생각과 마음이 책에 빠진 것을 의미하죠.

혹시 아이가 독서삼매에 빠진 걸 본 적이 있나요? 아이가 책을 읽으며 감탄사를 내뱉기도 하고, 웃기도 하며 푹 빠져 있는 모습을 보면 아름답다는 느낌마저 듭니다. 글쓰기 수업을 하다 보면 독서삼매처럼 아이가 '글쓰기 삼매'에 빠져 있는 모습을 볼 때가 있습니다. 자신이 쓰던 글에 푹 빠져 시간이 지나간 것도 모르고 자리에 앉아 계속 글을 쓰는 아이들이 있습니다. 집에 가서 더 쓰라고 말하기조차 미안한 마음이 들 때도 있죠. 시간이 허락할 때는 그 아이가 글을 다 쓸 때까지 기다려주기도 합니다. 코가 종이에 닿을 듯 고개를 푹 숙이고 연필과 종이는 이미 한몸이 된 것처럼 보입니다.

매번 쓰고 싶은 글감이 뚝딱 생기고, 한 단어를 쓰면 한 문장이 써지고, 이내 한 편의 글이 완성된다면 얼마나 좋겠습니까. 그러나 기대하지도 않았는데 신나서 적는 날이 있는가 하면, 아무리 머리를 쥐어짜도 안 써지는 날이 있습니다. 매일 행복한 날만 있을 수 없듯 글을 쓸 때마다 매번 흡족한 결과를 얻을 수는 없습니다. 낙타가 바늘구멍에 들어가는 것처럼 글감 만들기가 어려울 때도 있습니다. 이럴 땐 어떻게 해야 할까요?

내가 쓴 글이 최고의 글쓰기 선생님이다

조금 다른 관점으로 글감 발견하기에 대해 생각해보겠습니다. 제가 어릴 때에는 겨울만 되면 학교에서 불조심 표어 짓기를 하곤 했습니다. 지금도 잊히지 않는 고전적인 표어는 "꺼진 불도 다시 보자!"입니다. 이 표어를 글감 만들기에 적용해보면 "아이가 쓴 글을 다시 보자!" 정도가 되겠네요. 혹시 눈치채셨나요? 네, 마지막 수업은 아이가 쓴 한 편의 글에서 글감을 찾아보는 것입니다.

부모님들도 아이가 고심하며 썼던 한 편 한 편의 글을 다시 읽어봐야 합니다. 글에는 아이의 경험에서 비롯된 감정과 생각의 흔적들이 고스란히 담겨 있기 때문입니다. 그런데 오늘 쓴 글을 아이가 다시 읽고 내용을 더하거나 수정하는 경우는 많지 않습니다. 시간이 지나면 더욱더 그 글을 다시 읽는 경우가 줄어들죠. 선생님도, 부모님도 그냥 지나쳐버리기 일쑤입니다.

일 년 동안 아이들이 쓴 글을 모아 책으로 만들어 나눠주는 어느 선생님의 이야기를 들은 적이 있습니다. 정말 훌륭한 방법이라 생각합니다. 자신이 쓴 소중한 한 편 한 편의 글을 묶어 책으로 만들어주면 아이들에겐 생각지도 못한 선물이 생기는 것입니다. 그러면 자신이 쓴 글을 다시 읽어보는 계기가 됩니다. 책으로 만들지 않았다면 그 글을 다시 들춰보는 일은 거의 없었을 겁니다. 아이는 자신이 썼던 글을 다시 읽어보면서 '내가 이런 생각을 했구나!' 하고 글감 만들기 하던 때를 떠올립니다. 그 과정에서 부족한 부분을 고치고 싶은 마음도 생깁니다.

  자신의 글을 다시 읽어보는 것은 훌륭한 글쓰기 공부가 됩니다. 나아가 아이 스스로 자신의 글에서 또 다른 글감을 찾아보는 습관을 만들 수도 있습니다. 부모님들도 자신의 글에서 글감 재료를 찾아보는 경험을 해보지 않았으니 아이에게 가르쳐줄 생각조차 못했을 겁니다. 이것이 바로 숨은 글감을 발견하는 또 하나의 과정입니다.

  예전에 완성한 자신의 글을 뒤적이다 또 다른 글감을 새롭게 만드는 경험을 하면 어떤 기분이 들까요? 저는 이런 과정을 '쌍둥이 글쓰기' 또는 '연결 글쓰기'라고 부르곤 합니다. 자신이 쓴 글에서 다른 글감 재료를 찾아보는 연습의 장점을 살펴보겠습니다.

연결 글쓰기가 필요한 이유

1. 지속해서 글을 쓰도록 동기 부여해준다

글을 쓴 바로 다음 날 다시 읽으면 기억이 생생하지만 한 달 정도 지나면 언제 그런 글을 썼는지 모르는 경우가 더 많습니다. 그래서 자신이 쓴 글을 다시 읽어보면 전에는 친숙하던 글감도 생경하게 다가오는 경험을 하게 됩니다. 생각은 시간이 지날수록 또 다른 생각을 낳기 때문입니다.

저는 글쓰기 수업을 할 때 아이들에게 몇 개의 글을 쓸 것인지 개수를 정하고 순서대로 써보라고 말합니다. 그리고 자신이 정한 글의 수가 채워지면 이전에 썼던 글을 다시 읽어보는 시간을 가지라고 합니다. 어떤 아이는 10개를 못 넘기고, 자주 글을 쓰는 아이는 20~30개를 쓰기도 합니다. 그보다 더 많은 숫자를 기록하는 아이도 있고요. 중요한 것은 숫자의 크기가 아닙니다. 그냥 쓰는 것보다 이렇게 한 편 한 편마다 글의 번호를 부여하면 글을 쓰던 당시의 기억이 의외로 새록새록 떠오릅니다. 지금 글쓰기 실력과 견줘볼 수도 있죠. 글마다 번호를 부여하는 습관이 별것 아닌 것 같지만 지속해서 글을 쓰는 동기를 제공하기도 합니다.

2. 자연스럽게 퇴고하는 습관이 생긴다

정성스럽게 썼든 낙서처럼 썼든 예전의 글을 다시 보면 고치고 싶은 부분이 보일 겁니다. 아예 다른 이야기를 새로 추가하고 싶은 욕심도 들 테고요. 자신이 쓴 글을 다시 본다는 건 그만큼 다른 시선으로 볼 수 있는 여유가 생긴다는 말입니다. 이전과는 다르게 객관적으로 볼 수 있다는 말이기도 합니다. 이 과정에서 자연스럽게 글을 고치거나 더하면 퇴고하는 습관을 갖게 됩니다.

3. 글 속에서 글감 재료를 찾게 된다

자신이 쓴 글에 관심을 가진다는 것은 글감 발견의 또 다른 접근 방법이기도 합니다. 자신의 머릿속 생각을 꺼내 글로 써놓은 것을 보며 또다시 영감을 떠올려보는 과정이니까요. '그때 글감을 어떻게 떠올렸지?' 하고 다시 생각해보거나 '다른 글을 쓸 수 있을까?'를 생각하며 다시 글을 읽다 보면 의외의 글감이 떠오르기도 합니다.

자신이 쓴 글에서 글감을 찾아보는 것은 책을 읽고 글감을 찾는 것과 동일하게 생각해도 무방합니다. 다만 다른 사람이 아닌 자기 자신에게서 영향을 받는다는 것이 다를 뿐입니다. 다른 누구도 아닌 자신이 쓴 글에서 또 다른 글감을 찾을 수 있다면 이전보다 글감 만드는 능력이 향상됐다고 볼 수 있습니다. 앞서 모든 글감은 그 글감을 만든 사람의 경험과 생각에서 출발한다고 했죠. 그러므로 과거의 경험에 현재의 경험을 연결하는 과정이 반복되면 아이의 생각은 전보다 새로워지거나 더욱 견고해질 겁니다. 아이의 글감 만들기 실력이 더 단단해지는 것은 당연한 결과입니다.

주제 패턴 글감 만들기

아이들의 글쓰기 실력을 높이는 효과적인 방법은 크게 두 가지로 나눌 수 있습니다.

첫째, 평소 글 쓰는 습관 만들기.
둘째, 주제를 만들어 여러 편 써보기.

처음에는 글 쓰는 습관을 만드는 것부터 시작하는 것이 좋습니다. 글쓰기 습관을 만들기 위해서는 완성도 있는 글을 쓰기보다 글쓰기 자체를 즐기는 데 목표를 둬야 합니다. 이때 부모님은 아이가 쓴 글을 평가하지 않아야 합니다. 아이도 자신의 글이 평가를 받는다고 생각하지 않아야 안심하고 마음껏 글을 쓸 수 있습니다. 어느 정도 기간에 걸쳐서 글쓰기를 해야 하는지 묻는 부모님들이 있습니다. 정답은 없지만 보통 일주일에 두 편 정도를 쓰고 3개월 정도 지속하면 글 쓰는 습관이 생긴다고 봅니다.

글쓰기 실력을 키우는 데 직접 써보는 것만큼 좋은 방법은 없습니다. 하지만 많이 써봐야 한다는 말처럼 막연한 주문도 없을 겁니다. 많이 써보고 싶어도 어떻게 써야 하는지에 대한 고민이 늘 따라오기 때문입니다. 그래서 글감 만들기를 익혀야 한다고 계속 이야기하는 것입니다.

글쓰기와 관련된 책 중 대부분은 한 줄, 두 줄, 세 줄을 쓰는 식으로 분량을 정해줍니다. 또는 짧은 호흡으로 스스로 목표한 양을 점검할 수 있도록 도와주기도 하죠. 이런 방법들은 분명 글쓰기 부담을 줄여주는 효과가 있습니다. 하지만 아이의 첫 문장을 열어주는 것은 다름 아닌 글감입니다. 먼저 아이가 글감 만들기 첫 단계인 단어 채집부터 스스로 시작할 수 있도록 이끌어줘야 합니다. 관찰·오감·질문·감정 패턴을 제시하거나 일상을 낯설게 바라보는 눈을 키워주세요. 그런 다음 한 줄 문장으로 자신의 경험과 연결시키고 글감을 발견해 글을 쓰도록 유도해야 합니다.

무엇이든 작은 부분부터 자주 반복하면 쉬워지고, 쉬워지면 더 잘하게 됩니다. 수영을 배울 때 처음에는 물에 뜨는 것부터 시작해 발차기와 숨 참는 법을 익히고, 조금씩 앞으로 나아가는 영법에 익숙해지고 나면 특별한 주문이 없어도 능숙하게 수영을 해내는 것처럼 말입니다. 글쓰기도 마찬가지입니다. 사소한 생각을 글감으로 만드는 연습을 자주 반복하면 어느새 글쓰기 습관이 만들어집니다.

글쓰기 실력을 단번에 끌어올리는 방법

혹시 아이가 글쓰기를 할 때마다 글감을 만들어야 한다는 부담을 느끼고 있나요? 글쓰기 습관이 잡힌 아이라면 쉽게 글감을 찾아서 쓰는 데 익숙할 겁니다. 하지만 아직 글감 만들기에 익숙하지 않은 아이라면 옆에서 도움을 줘야 합니다. 무엇을 쓸 것인지를 정해주지 않고 아이 스스로 글감을 만들어보게 하면 어려워하는 경우가 많습니다. 이럴 땐 '주제'를 만들어 여러 편의 글을 써보면 도움이 됩니다. 처음부터 한 가지 주제에 대해 여러 편의 글을 쓰는 것은 부담스러울 수 있으니 짧더라도 조금씩 글을 써보도록 격려해주시기 바랍니다. 이해를 돕기 위해 다음의 글을 함께 살펴보겠습니다.

행복한 동화작가

내 꿈은 동화작가다. 그냥 동화작가가 아니고 아이들이 읽고 싱글 벙글 웃을 수 있는 책을 쓰는 동화작가. 난 그런 동화작가가 되고 싶다. 사실 아이들이 내 글을 읽어준다면 난 그 행복으로도 충분할 것 같다. 그래도 내가 쓴 책을 읽고 아이들이 싱글벙글 웃거나 '흑흑흑' 소리를 내면서 울거나 '씩씩씩'거리며 화낼 때, 그 행복을 뛰어넘을 만큼의 행복은 없을 것이다. 누가 내 글을 읽고 "난 이 글을 읽고 행복했습니다", "난 이 책을 읽고 울 뻔했습니다"라고 말한다면 그런 행복을 넘을 만큼의 기쁨은 없을 것이다. 누가 내 글을 읽고 "선물을 주겠습니다"라고 말한다면 난 "당신이 좋아하는 표정만으로도 충분히 선물을 받았습니다"라고 말할 것이다. 그 순간 나는 세상에서 가장 행복한 동화작가일 것이다.

초등학교 3학년 보희가 '내가 하고 싶은 것들'이라는 글감에서 '꿈'이라는 주제를 끌어내어 쓴 글입니다. 아이들은 한번 글감을 찾고 나면 대부분 한 편의 글로 글쓰기를 마무리합니다. 그러고는 다른 글을 쓰기 위해 처음부터 다시 글감을 찾고 글쓰기를 반복합니다. 글쓰기를 할 때마다 새 글감을 만들어야 한다는 부담을 느낄 수밖에요. 방법은 첫 번째 글감에서 주제어를 찾고, 그 주제에서 파생된 글감을 만드는 겁니다.

보희의 글로 설명해보겠습니다. 보희는 처음에 '어른'이라는 단어를 채집했습니다. 채집한 단어를 보며 "어른이 되면 보고 싶은 영화를 마음껏 볼 수 있다"라는 문장을 스케치했습니다. 그리고 '내가 하고 싶은 것들'이라는 글감을 만들어 한 편의 글을 완성했습니다. 이어서 두 번째 글을 쓰고 싶은데 첫 번째 글감과 연결된 글을 쓰고 싶다면 어떻게 해야 할까요? 네, 주제어를 찾아야 합니다.

아이 눈높이에서 생각해봅시다. 보희는 글쓰기를 좋아하는 아이입니다. 보희는 '내가 하고 싶은 것들'이라는 글감에서 '꿈'이라는 주제를 발견합니다. 그러고는 '나는 커서 어떤 일을 할까?' 곰곰 생각하다 '동화작가'라는 두 번째 글감을 떠올립니다. 이제 자신이 꿈꾸던 동화작가를 상상하며 자유롭게 글을 쓰면 됩니다. 여기에서 또 한 번 '행복'이라는 주제로 연결하면 보통의 동화작가가 아니라 아이들이 웃을 수 있는 글을 쓰는 '행복한 동화작가'라는 글감으로 이어서 글을 쓸 수 있습니다.

보희의 첫 번째 글감 만들기 예시

단어채집

어른

↓

문장 스케치

빨리 어른이 되고 싶다.
어른이 되면 영화를 마음껏 볼 수 있으니까.

↓

글감 만들기

내가 하고 싶은 것들

[주제 패턴 글감 만들기]
주제 안에서 글감 연결하기

단어 채집

내가 하고 싶은 것들
꿈, 행복

(첫 글감에서 주제를 찾아 적습니다.)

문장 스케치

내 꿈은 행복한 동화작가가 되는 것이다.
내 글을 읽고 누군가가 웃는다면 행복하겠지?
감동을 선물하는 사람이 되고 싶다.

(채집한 단어를 보며 떠오른 생각을 적습니다.)

글감 만들기

행복한 동화작가
네가 웃으면 나도 좋아
감동을 선물할 수 있다면

(주제와의 연결성을 생각하며 제목을 지어줍니다.)

한 가지 주제를 정하고 글감 만들기를 하면 글감은 꼬리에 꼬리를 물고 늘어납니다.

"동화작가가 되려면 어떤 걸 공부해야 할까?"

"지금 동화책을 쓴다면 어떤 걸 써볼까?"

"내가 좋아하는 동화작가는 누굴까?"

이처럼 주제 패턴 글감 만들기는 아이 스스로 한 가지 주제를 깊이 생각해보도록 이끄는 효과가 있습니다. 글감을 찾기 시작하면 생각이 무한대로 뻗어나갑니다.

무엇보다 주제 패턴 글감 만들기의 가장 큰 장점은 아이의 기획력이 자란다는 것입니다. 글감 만들기 기술 중에서도 스스로 주제를 찾고 다양한 글을 쓸 수 있는 능력을 만들어주는 이 기술이야말로 이 책의 최종 목표입니다. 하나의 주제로 여러 편의 글을 써보면 아이들의 글감 만들기 실력은 날마다 달마다 성장하고 발전할 것입니다.

훌륭한 글감 사냥꾼

어느덧 초등 글감 수업 마지막 시간입니다. 지금까지 배운 내용을 한번 정리하며 수업을 마치겠습니다.

여러분에게 글쓰기는 무엇인가요? 글쓰기는 즐거운 창작 활동입니다. 나만의 상상력과 표현력을 마음껏 펼치는 활동이기도 하죠. 그 덕분에 우리는 글을 쓸 때 자신의 솔직한 감정과 마주하게 됩니다. 감성이 더 풍부해지는 것은 물론 창의력과 논리력도 좋아집니다. 이토록 수많은 장점에도 불구하고 정작 글쓰기를 하지 않으면 그 효과를 하나도 누릴 수 없습니다. 우리 아이들이 훌륭한 글감 사냥꾼이 되어야 하는 이유가 바로 여기에 있습니다.

훌륭한 사냥꾼일수록 숨어 있는 토끼를 잘 찾아냅니다. 토끼가 어디에 숨어 있는지 주위를 살필 줄도 압니다. 발자국의 흔적도 찾아낼 줄 알죠. 아이가 훌륭한 토끼 사냥꾼처럼 훌륭한 글감 사냥꾼이 될 수 있도록 숨어 있는 글감을 찾는 능력을 키워줘야 합니다. 글감을 만들면 글을 못 쓰는 아이는 없으니까요.

훌륭한 글감 사냥꾼이 되려면 글감이 만들어지는 패턴을 알아야 합니다. 먼저 글감 만들기를 한 문장으로 정리하면 모호한 생각을 구체적으로 다듬는 과정이라고 할 수 있습니다. 아래의 글감 만들기 표와 같이 '단어 채집 → 문장 스케치 → 글감 만들기' 순서로 나아갑니다.

글감 만들기 표

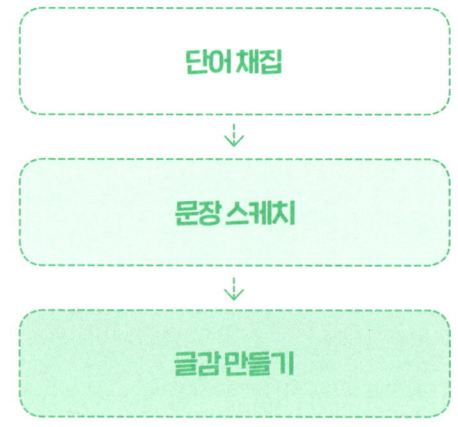

이렇게 완성한 글감으로 한 편의 글을 쓰는 것이 가장 기본 방법입니다. 단어를 채집할 때는 아주 일상적인 것부터 시작하는 것이 좋습니다. 집, 학교, 공원 등 장소를 중심으로 찾아봐도 좋고 아침, 점심, 저녁 시간의 흐름을 따라가도 좋습니다. 물론 소풍이나 생일처럼 특정한 사건을 중심으로 써도 되죠. 그래도 쉽지 않다면 관찰·오감·질문·감정 패턴을 활용해보세요. 또는 채집한 단어에 이름을 지어주거나 인사를 건네고 감탄사를 던져보는 겁니다. 상상한 대로 보이는 안경을 쓰고 낯설게 바라봐도 좋고요. 그럼 단어부터 문장까지 거침없이 써낼 수 있을 겁니다. 하나 더, 문장을 스케치할 때 '깊게 탐구하는' 과정을 추가하면 내가 알지 못했던 지식까지도 담아낼 수 있습니다. 탐구 과정에서 글감이 확장되면 한 편 이상의 글을 쓸 가능성이 커지고, 그만큼 글쓰기를 오래 계속할 동력이 생깁니다.

더 훌륭한 글감 사냥꾼으로 거듭나기 위해서는 한 발 더 나아가 주제 패턴 글감 만들기 기술을 익혀야 합니다. 글쓰기를 할 때마다 매번 새로운 글감 만들기 표를 작성하지 않아도 첫 번째 글감에서 뽑아낸 주제와 연결성이 있는 글을 이어서 쓸 수 있기 때문입니다. 주제 패턴 글쓰기에 익숙해진 아이는 긴 글을 쓰는 것도 두려워하지 않게 됩니다.

끝으로 글감 만들기 기술을 요령으로만 접근하지 않았으면 합니다. 글감을 만드는 과정은 엄연히 창작 활동의 일부입니다. 글감 만들기 기술을 잘 활용하면 아이가 스스로 자신만의 독창적인 글쓰기를 이어갈 수 있을 겁니다. 아이만의 개성 있는 생각과 경험이 글감을 만들어가는 과정에서 잘 다듬어지고 더 깊어지기를 바랍니다.

글감 만들기 연습 ⑤
주제 패턴 글감 만들기

주제 패턴으로 글감 만들기는 일상 단어 채집하기, 글감 깊게 탐구하기, 관찰·오감·질문·감정 패턴으로 글감 만들기, 낯설게 보기를 충분히 연습한 다음 시도하길 권합니다. 글감 만드는 연습을 충분히 해야 쉽게 주제를 만들 수 있기 때문입니다.

주제 패턴 글감 만들기가 다른 글감 만들기와 다른 점은 글감이 최소 두 개 이상 되어야 한다는 것입니다. 예를 들어, '꿈'이라는 주제를 만들었다면 '어른이 되면 하고 싶은 것', '행복한 동화 작가'처럼 주제와 연결성이 있는 글감을 두 개 이상(다섯 개 정도면 더 좋고요) 만드는 겁니다.

주제 패턴 글감 만들기를 처음 시작할 때 아이들이 쉽게 접근할 수 있는 주제로는 꿈이나 여행, 좋아하는 것 등이 있습니다. 부모님도 아이와 함께 글감 만들기 표를 채우고 멋진 글을 완성해보세요. 글감을 만들었는데 글쓰기를 하지 않으면 계획만 세우고 여행을 떠나지 않는 것과 같습니다. 여행지에서 어떤 인연을 만나 어떤 추억을 쌓게 될지 상상하며 설레는 마음으로 글을 써보세요.

꿈을 주제로 글감 만들기

단어 채집
(꿈을 주제로 한 단어를 적습니다.)

↓

문장 스케치
(해보고 싶은 일이나 좋아하는 것을 적습니다.)

↓

글감 만들기
(주제와의 연결성을 생각하며 제목을 지어줍니다.)

여행을 주제로 글감 만들기

단어 채집
(여행을 주제로 한 단어를 적습니다.)

↓

문장 스케치
(가보고 싶은 곳이나 즐거웠던 여행지를 적습니다.)

↓

글감 만들기
(주제와의 연결성을 생각하며 제목을 지어줍니다.)

에필로그

오늘은 어떤 글감이 나에게 다가올까?

이 책은 '어떻게 쓸까?'가 아닌 '무엇을 쓸까?' 하는 생각에서 출발했습니다. 이유는 단순합니다. 아이들이 글쓰기를 힘들어하는 이유는 글을 쓰는 방법을 몰라서가 아니라 글의 주재료인 글감이 떠오르지 않기 때문이니까요. 그런데도 아이들이 스스로 쓸거리를 찾아 나설 수 있게 도와주는 책은 없다는 점이 늘 안타까웠습니다. 대부분 독후감 쓰기, 일기쓰기, 논설문 쓰기 등 글쓰기 요령만 다룰 뿐이죠. 아이들과 오랫동안 글쓰기 수업을 하며 깨달은 중요한 사실은 글쓰기 잘하는 아이에겐 늘 쓰고 싶은 글감이 차고 넘친다는 것입니다.

저는 초등 글쓰기를 가르치는 사람이라면 누구나 글쓰기를 곧 '창작 활동'으로 바라봐야 한다고 생각합니다. 문법을 먼저 가르칠 것이 아니라 자유로운 글쓰기를 통해 아이의 상상력에 날개를 달아줘야 합니다. 아이들은 글쓰기를 통해 다양한 생각을 할 수 있어야 합니다. 즐기며 쓸 수 있어야 합니다. 그러기 위해선 다양한 글감을 만들어보는 연습이 필요합니다.

아이들이 글쓰기를 힘들어하는 이유는 많지만 변하지 않는 한 가지 사실이 있습니다.

"글감을 떠올리지 못하는 아이는 있어도 글 못 쓰는 아이는 없다."

오늘부터 아이와 함께 글감 만들기를 해보세요. 아이와 함께 "뭘 쓸까?"를 떠올리며 단어 채집, 문장 스케치, 글감 만들기를 해보고, 한 편의 멋진 글을 완성해보시길 바랍니다.

글쓰기 잘하는 아이는
이렇게 시작합니다

1판 1쇄 인쇄 2022년 2월 15일
1판 1쇄 발행 2022년 2월 28일

지은이 남낙현
펴낸이 고병욱

책임편집 이미현 **기획편집** 이새봄 김지수
마케팅 이일권 김윤성 김도연 김재욱 이애주 오정민
디자인 공희 진미나 백은주 **외서기획** 김혜은
제작 김기창 **관리** 주동은 조재언 **총무** 문준기 노재경 송민진

교정교열 김승규
일러스트 애슙

펴낸곳 청림출판(주)
등록 제1989-000026호

본사 06048 서울시 강남구 도산대로 38길 11 청림출판(주) (논현동 63)
제2사옥 10881 경기도 파주시 회동길 173 청림아트스페이스 (문발동 518-6)
전화 02-546-4341 **팩스** 02-546-8053
홈페이지 www.chungrim.com **이메일** life@chungrim.com
블로그 blog.naver.com/chungrimlife **페이스북** www.facebook.com/chungrimlife

ⓒ 남낙현, 2022

ISBN 979-11-88700-96-7 (03590)

※ 이 책은 저작권법에 따라 보호를 받는 저작물이므로 무단 전재와 무단 복제를 금합니다.
※ 책값은 뒤표지에 있습니다. 잘못된 책은 구입하신 서점에서 바꾸어 드립니다.
※ 청림Life는 청림출판(주)의 논픽션·실용도서 전문 브랜드입니다.